Research on Tax Planning of Individual Income Tax

个人所得税纳税筹划研究

费兰玲 著

中国科学技术大学出版社

内 容 简 介

本书为2019年安徽省高校自然科学研究重点项目"大数据云计算背景下新个人所得税改革红包精准落袋问题研究"(KJ2019A1217)的阶段性研究成果,内容包括个人所得税概述、个人所得税的计算、个人所得税的纳税申报、个人所得税的纳税筹划等,并系统梳理了最新的个人所得税政策体系,分析了其中的热点、难点问题。

本书切合财税工作的实际需要,将为纳税人提供许多新的纳税筹划思路和技巧,同时也适合作为财务人员的工作指导书。

图书在版编目(CIP)数据

个人所得税纳税筹划研究/费兰玲著. —合肥:中国科学技术大学出版社,2021.10
ISBN 978-7-312-05298-9

Ⅰ.个… Ⅱ.费… Ⅲ.个人所得税—税收管理—中国 Ⅳ.F812.424

中国版本图书馆CIP数据核字(2021)第171188号

个人所得税纳税筹划研究
GEREN SUODESHUI NASHUI CHOUHUA YANJIU

出版	中国科学技术大学出版社
	安徽省合肥市金寨路96号,230026
	http://press.ustc.edu.cn
	https://zgkxjsdxcbs.tmall.com
印刷	安徽省瑞隆印务有限公司
发行	中国科学技术大学出版社
经销	全国新华书店
开本	710 mm×1000 mm 1/16
印张	10.5
字数	203千
版次	2021年10月第1版
印次	2021年10月第1次印刷
定价	40.00元

前　　言

本书是 2017 年安徽审计职业学院"会计与税务名师工作室"（SJMS2017007）、2019 年安徽审计职业学院院级人文科研项目"公平视角下个人所得税新政策的完善"（SJSK2019A001）和 2019 年安徽省高校自然科学研究重点项目"大数据云计算背景下新个人所得税改革红包精准落袋问题研究"（KJ2019A1217）的阶段性研究成果。

2018 年 8 月 31 日，《中华人民共和国个人所得税法第七次修正案（草案）》经第十三届全国人大常务委员会第五次会议审议通过。新个人所得税法提高了基本减除费用标准，设立专项附加扣除，调整优化税率结构等，降低了中低收入群体的税负，增加了居民的实际收入。这次个税改革创新了征税模式，实行综合征收与分类征收相结合的混合征税制。新个人所得税法在应纳税额的计算、税款的预扣预缴与汇算清缴以及个人所得税的征收管理等方面均发生了重大变化。随着税收政策的改革，一些原有的纳税筹划手段显然不再适用。如果纳税人不及时调整纳税筹划手段，就很容易触碰到税收政策的底线，从而引发不必要的税务风险。

本书共四章：

第一章为个人所得税概述，介绍个人所得税的发展历程和基本内容。

第二章为个人所得税的计算，分别介绍综合所得、经营所得、分类所得、境外所得应纳税额的计算。

第三章为个人所得税的纳税申报，详细介绍扣缴义务人与纳税人的纳税申报事项。

第四章为个人所得税的纳税筹划研究，通过比较不同的筹划方案，为纳税人提供许多新的纳税筹划思路和技巧。

本书内容切合财税工作的实际需要，既可以作为新个人所得税法的培训教材，也可以作为广大财务人员的工作指导用书和纳税人进行纳税申报、纳税筹划的参考用书，还可以作为高校财经类学生学习税法的课外拓展阅读资料。

本书依据的税收政策为截至 2020 年 12 月 31 日的相关政策。由于我国的一些税收政策仍在不断更新，读者应该结合新的税收政策对书中的一些思路、方法和措施进行甄别。因作者能力、时间、精力有限，书中难免存在疏漏与不足之处，恳请读者批评指正。

费兰玲

2021 年 5 月

目 录

前言 …………………………………………………………………… (i)

第一章 个人所得税概述 ………………………………………… (1)
 第一节 个人所得税的改革与发展 ……………………………… (1)
 第二节 个人所得税的基本规定 ………………………………… (11)

第二章 个人所得税的计算 ……………………………………… (34)
 第一节 综合所得应纳税额的计算 ……………………………… (34)
 第二节 经营所得应纳税额的计算 ……………………………… (55)
 第三节 分类所得应纳税额的计算 ……………………………… (68)
 第四节 境外所得应纳税额的计算 ……………………………… (78)

第三章 个人所得税的纳税申报 ………………………………… (84)
 第一节 扣缴义务人的纳税申报 ………………………………… (84)
 第二节 纳税义务人的纳税申报 ………………………………… (91)

第四章 个人所得税的纳税筹划研究 …………………………… (125)
 第一节 纳税筹划的基本理论 …………………………………… (125)
 第二节 综合所得的纳税筹划 …………………………………… (133)
 第三节 经营所得的纳税筹划 …………………………………… (145)
 第四节 分类所得的纳税筹划 …………………………………… (151)

附录 个人所得税预扣率/税率表 ……………………………… (159)

第一章 个人所得税概述

第一节 个人所得税的改革与发展

个人所得税,是以个人(也称自然人)取得的各项应税所得为征税对象征收的一种所得税。个人所得税是政府利用税收对个人收入进行调节的一种手段,在筹集财政收入方面发挥着重要作用。在资本主义国家,英国于1799年实行个人所得税,美国于1860年南北战争期间开征了个人所得税,日本于1887年设置了个人所得税。个人所得税开征初期,多数国家采用比例税率的分类征税制;随着个人所得税制的完善,逐步发展为按累进税率征税,征税模式从分类征税制向综合征税制或分类与综合征税模式演变。随着全球经济的发展,个人所得税的地位和作用越来越重要,已经成为很多国家的主体税种。目前世界上已有140多个国家开征个人所得税。

一、我国个人所得税的产生

1936年7月,南京国民政府公布《所得税暂行条例》,开征个人所得税。1943年颁布的《所得税法》中包含了个人所得税的内容。

新中国成立后,1949年中央人民政府召开首届全国税务工作会议,通过了新中国税制建设的纲领性文件——《全国税政实施要则》(以下简称《要则》)。《要则》决定,除农业税外,建立包括工商业税、存款利息所得税、薪给报酬所得税在内的14个税种。1950年,政务院先后公布《工商业税暂行条例》和《利息所得税暂行条例》,自公布之日起,分别对个体工商户、临时商业及摊贩业户的所得征收工商税,对中国境内取得的利息征收利息所得税。由于我国长期实行低工资政策,其他劳务报酬也很少,一直到20世纪70年代末都没有对个人取得的工资薪金和劳务报酬征税。

二、我国个人所得税的立法进程

(一)《中华人民共和国个人所得税法》诞生

改革开放以后,在我国取得收入的外国居民越来越多,我国居民在外国从事经济活动和其他劳务所得也日益增多。1980年9月10日,第五届全国人民代表大会第三次会议通过并公布了《中华人民共和国个人所得税法》(以下简称《个人所得税法》),标志着我国第一部对个人征税的法律正式出台。同年12月,经国务院批准,财政部发布《中华人民共和国个人所得税法施行细则》。该法当时采用分类征税制,适用于在我国的外籍人员,绝大多数国内居民不在征税范围内。工资薪金所得的费用扣除标准(免征额)为800元/月。

(二)《个人所得税法》第一次修正

1986年1月7日,国务院颁布《城乡个体工商户所得税暂行条例》,适用于从事工业、商业、服务业、建筑安装业、交通运输业的城乡个体工商户,以个体工商户的生产经营所得和其他所得为征税对象。同年9月25日,国务院又颁布了《中华人民共和国个人收入调节税暂行条例》,征税对象包括中国公民取得的工资薪金收入、承包转包收入、劳务报酬收入、财产租赁收入、专利与非专利转让收入、投稿翻译收入、利息股息红利收入以及其他收入等。自此,《个人所得税法》就仅适用于在我国的外国居民了。随着我国社会经济的不断发展,有关个人所得税的矛盾和问题也就暴露出来了。为此,1993年10月31日,第八届全国人民代表大会常务委员会第四次会议对《个人所得税法》进行了第一次修正,自1994年1月1日起施行。修正后的《个人所得税法》重新调整了纳税项目、免税项目、费用扣除标准和税率。1994年1月28日,中华人民共和国国务院令第142号发布《中华人民共和国个人所得税法实施条例》(以下简称《个人所得税法实施条例》),初步建立了内外统一的个人所得税制度。

(三)《个人所得税法》第二次修正

1997年11月,财政部、国家税务总局颁发的《关于住房公积金、医疗保险金、养老保险金征收个人所得税问题的通知》(财税字〔1997〕144号),将住房公积金、医疗保险以及养老保险正式纳入税前扣除范围,纳税人可以在获得的工资薪金中先扣除以上项目再进行个人所得税的缴纳。为应对亚洲金融危机,鼓励投资、拉动消费、刺激内需,1999年8月30日,第九届全国人民代表大会常务委员会第十一次会议对《个人所得税法》进行第二次修正,恢复了对储蓄存款利息征收个人所得税,并规定由国务院决定其开征时间和征收办法。同年9月30日,国务院发布《对储蓄存款利息所得征收个人所得税的实施办法》(国务院令1999年第272号),储蓄存款在1999年11月1日后孳生的利息所得,应当依法征收个人所得税。

2000年9月,《国务院关于个人独资企业和合伙企业征收所得税问题的通知》(国发〔2000〕16号)规定:"国务院决定,自2000年1月1日起,对个人独资企业和合伙企业停止征收企业所得税,其投资者的生产经营所得,比照个体工商户的生产、经营所得征收个人所得税。具体税收政策和征税办法由国家财税主管部门另行制定。"2000年9月,财政部、国家税务总局制定了《关于个人独资企业和合伙企业投资者征收个人所得税的法规》(财税〔2000〕91号),自2001年1月1日起施行。

(四)《个人所得税法》第三次修正

2005年10月27日,第十届全国人民代表大会常务委员会第十八次会议第三次修正《个人所得税法》;同年12月19日,国务院发布第一次修订《个人所得税法实施条例》。工资薪金所得的减除费用标准由800元/月提高到1600元/月,同时扩大个人所得税自行申报范围,增加了全员扣缴申报的规定,自2006年1月1日起施行。

(五)《个人所得税法》第四次修正

2007年6月29日,第十届全国人民代表大会常务委员会第二十八次会议第四次修正《个人所得税法》,明确了对储蓄存款利息所得开征、减征、停征个人所得税及其具体办法,由国务院规定。

国务院决定自2007年8月15日起,将储蓄存款利息所得个人所得税的适用税率由20%调减为5%。

(六)《个人所得税法》第五次修正

2007年12月29日,第十届全国人民代表大会常务委员会第三十一次会议第五次修正《个人所得税法》。2008年2月18日,国务院发布第二次修订《个人所得税法实施条例》。工资薪金所得的基本减除费用由1600元/月调高到2000元/月,自2008年3月1日起施行。自2008年10月9日起,对储蓄存款利息所得暂免征收个人所得税。

(七)《个人所得税法》第六次修正

2011年6月30日,第十一届全国人民代表大会常务委员会第二十一次会议第六次修正《个人所得税法》。工资薪金所得的基本减除费用由2000元/月调高到3500元/月;将工资薪金所得的9级超额累进税率修改为7级,取消15%和40%两档税率,将第1级税率由5%修改为3%,扩大3%和10%两个低档税率的适用范围;调整个体工商户生产经营所得和对企事业单位的承包经营、承租经营所得税率级距;个人所得税纳税申报时间由7天延长为15天。同年7月19日,国务院发布第三次修订《个人所得税法实施条例》。该条例规定,对企事业单位的承包经营、承租经营所得的减除费用标准,由按月减除2000元调高到3500元;涉外人员的附加减除费用标准由2800元改为1300元;自2011年9月1日起施行。

(八)《个人所得税法》第七次修正

随着我国经济的发展,我国城乡居民收入增长较快,中等收入群体持续扩大,但居民收入分配差距依然较大,有必要完善税制,适当降低中、低收入者税负,更好地发挥调节收入分配的作用。我国个人所得税一直实行分类征税制,这种征税制的优点是便于征收管理,缺点是不利于纳税人之间的税负公平。因此,个人所得税只有不断改革才能适应社会的发展。

2012年7月22日,国务院有关部门启动全国地方税务系统个人信息联网工作,为"按家庭征收个人所得税"的改革做好技术准备。

2015年2月,在经过多次研讨后,个税改革方案初具雏形,"提低、扩中、调高"成为基本的改革思路和方向。

2017年3月,时任财政部部长肖捷指出此次个税改革总体设计方案是:以走向"综合与分类相结合"的新税收体制为目标,将工资薪金、劳务报酬、稿酬等部分收入项目,实行按年汇总纳税,同时适当增加二孩家庭教育支出等与家庭生计相关的专项开支扣除项目。此外,财产转让等方面的收入所得项目继续实行分类征收。

2018年政府工作报告中进一步提出,要改革个人所得税,"提高个人所得税起征点,增加子女教育、大病医疗等专项费用扣除,合理减负,鼓励人民群众通过劳动增加收入、迈向富裕"。

2018年8月31日,《个人所得税法》的第七次修正草案经第十三届全国人民代表大会常务委员会第五次会议审议通过。新个人所得税法创新了征税模式,实行综合征收与分类征收相结合的混合征税制。同年12月18日,国务院发布第四次修订《个人所得税法实施条例》。

三、《个人所得税法》第七次修正案的主要改革内容

(一) 征税模式由分类征税制改为综合与分类相结合的征税制

此次改革最大的亮点是,征税模式由分类征税制改为综合与分类相结合的征税制。这不仅是中国税收发展史上的一次重大税制改革,也是一场征管模式、征管方式的重大变革。新个人所得税法取消了原所得项目中的"其他所得",将原"个体工商户的生产经营所得""对企事业单位的承包经营、承租经营所得"两个征税项目合并成"经营所得"。个人应税项目由原来的 11 个缩减为 9 个。"工资薪金所得""劳务报酬所得""稿酬所得"和"特许权使用费所得"因具有相同的性质,都属于纳税人提供自己的劳动而取得的所得,所以新个人所得税法首次将居民个人取得这 4 项劳动性所得统称为"综合所得",按纳税年度合并计算其个人所得税。由扣缴义务人在向个人支付所得时预扣预缴税款,次年 3 月 1 日至 6 月 31 日由纳税义务人进行年度汇算清缴,税款多退少补。对经营所得仍实行按年征收、分月份或季度预缴、年度汇算清缴。对财产租赁所得、财产转让所得、利息、股息、红利所得和偶然所得,仍然沿用原来的分类征税制。本书对《个人所得税法》第七次修正前后的所得项目和征税模式进行了梳理,其差异如表 1-1 所示。

表 1-1 《个人所得税法》第七次修正前后的所得项目与征税模式对比

修正前的政策规定		修正后的政策规定		
所得项目(11项)	征税模式	所得项目(9项)	征税模式	
			居民个人	非居民个人
工资薪金所得	分类征税	工资薪金所得	综合征税:按月份预扣预缴、年度汇算清缴	分类征税:按月或按次缴纳税款
劳务报酬所得		劳务报酬所得		
稿酬所得		稿酬所得		
特许权使用费所得		特许权使用费所得		
个体工商户的生产经营所得		经营所得	按年征收、分月份或季度预缴、年度汇算清缴	
对企事业单位的承包经营、承租经营所得				
利息、股息、红利所得		利息、股息、红利所得	分类征税	
财产租赁所得		财产租赁所得		
财产转让所得		财产转让所得		
偶然所得		偶然所得		
其他所得		新个人所得税法取消"其他所得"		

(二) 新个人所得税法提高了基本减除费用，增加了专项附加扣除项目

个人所得税是对个人取得的所得额征税，所得额是个人取得的收入减除相关成本费用后的余额。相关成本费用主要包括本人及其负担家人的衣食住行、医疗、教育、赡养老人等其他必要的生计支出。新个人所得税法将这些支出分为基本减除费用、专项扣除和专项附加扣除。目前我国基本减除费用采取定额减除的办法，从3500元/月提高至5000元/月。专项扣除，包括居民个人按照国家规定的范围和标准缴纳的基本养老保险、基本医疗保险、失业保险等社会保险费和住房公积金等。专项附加扣除，是这次修法新增加的扣除项目，包括子女教育、继续教育、大病医疗、住房贷款利息或者住房租金、赡养老人等支出。新个人所得税法还允许劳务报酬、稿酬、特许权使用费等三类收入在扣除20%的费用后计算纳税。为鼓励创作，稿酬所得在允许扣除20%费用基础上，进一步给予70%的优惠，两项因素叠加，稿酬收入实际上相当于按5.6折计算纳税稿酬所得的收入额。

(三) 新个人所得税法优化调整了累进税率表

累进税率，是指同一征税对象，随数量的增大，征税比例也随之提高的税率。累进税率在所得税中使用较多，可以合理调节收入，体现税收负担的纵向公平。我国个人所得税对综合所得和经营所得使用了累进税率。为了体现给中低收入者减税的主导思想，此次修法调整了累进税率表，优化调整税率结构。一是拓宽了"经营所得"适用的全部所得级距，第七次修正前后5级超额累进税率对比情况如表1-2所示；二是优化了"综合所得"的税率结构，扩大3%、10%、20%三档低税率的级距，缩小25%税率的级距，30%、35%、45%三档较高税率级距不变。第七次修正前后7级超额累进税率对比情况如表1-3所示。

表1-2　第七次修法前后五级超额累进税率对比

级数	全年应纳税所得额（修正前）个体工商户生产经营所得、对企事业单位承包承租经营所得	全年应纳税所得额（修正前）经营所得	税率	对比
1	不超过15 000元的部分	不超过30 000元的部分	5%	扩大了所得级距
2	超过15 000元至30 000元的部分	超过30 000元至90 000元的部分	10%	
3	超过30 000元至60 000元的部分	超过90 000元至300 000元的部分	20%	
4	超过60 000元至100 000元的部分	超过300 000元至500 000元的部分	30%	
5	超过100 000元的部分	超过500 000元的部分	35%	

表 1-3　第七次修法前后七级超额累进税率对比

级数	修正前	工资薪金所得适用		修正后	综合所得适用	税率	对比
		全月应纳税所得额	折合成年应纳税所得额		全年应纳税所得额		
1		不超过1 500元的部分	18 000元以下		不超过36 000元的部分	3%	扩大了所得级距
2		超过1 500元至4 500元的部分	18 000元至54 000元		超过36 000元至144 000元的部分	10%	
3		超过4 500元至9 000元的部分	54 000元至108 000元		超过144 000元至300 000元的部分	20%	
4		超过9 000元至35 000元的部分	108 000元至420 000元		超过300 000元至420 000元的部分	25%	缩小了所得级距
5		超过35 000元至55 000元的部分	420 000元至660 000元		超过420 000元至660 000元的部分	30%	一致
6		超过55 000元至80 000元的部分	660 000元至960 000元		超过660 000元至960 000元的部分	35%	
7		超过80 000元的部分	960 000元以上		超过960 000元的部分	45%	

（四）增加了反避税条款

新个人所得税法中还特意加入了若干反避税条款。如《个人所得税法》第八条规定,税务机关有权对以下三种情况进行纳税调整:第一种情况是个人与其关联方之间不符合独立交易原则而减少个人或关联方应纳税额的;第二种情况是居民个人控制的企业,或与其他居民企业共同控制的、设立在实际税负明显偏低的国家（地区）的企业,无合理经营需要,对应当归属居民个人的利润不作分配或减少分配;第三种情况是其他不具有合理商业目的的安排而获取不当税收利益的。这就意味着以往被认为专业合法的行为也可能会被认定是避税行为,进一步提高了避税的难度。

（五）加大了征收管理的力度

为了配合个人所得税的税收征管,全国税务信息联网的工作也在有条不紊地进行。《个人所得税法》第十五条规定,公安、人民银行、金融监督管理等相关部门应当协助税务机关确认纳税人的身份、金融账户信息。教育、卫生、医疗保障、民政、人力资源社会保障、住房城乡建设、公安、人民银行、金融监督管理等相关部门应当向税务机关提供纳税人子女教育、继续教育、大病医疗、住房贷款利息、住房租金、赡养老人等专项附加扣除信息。征管力度进一步加大,有关部门依法将纳税人、扣缴义务人遵守本法的情况纳入信用信息系统,并实施联合激励或者惩戒措施。

五、我国现行个人所得税的主要法律依据

(一)《中华人民共和国税收征收管理法》(2015年修订)

《中华人民共和国税收征收管理法》第二条规定:"凡依法由税务机关征收的各种税收的征收管理,均适用本法。"个人所得税的纳税人、扣缴义务人应遵守《中华人民共和国税收征收管理法》。

(二)《中华人民共和国个人所得税法》

《中华人民共和国个人所得税法》自1980年9月10日第五届全国人民代表大会第三次会议通过,历经七次修正。2018年8月31日第十三届全国人民代表大会常务委员会第五次会议第七次修正的《中华人民共和国个人所得税法》,自2019年1月1日施行。

(三)《中华人民共和国个人所得税法实施条例》

1994年1月28日,中华人民共和国国务院令第142号发布了《中华人民共和国个人所得税法实施条例》。2018年12月18日中华人民共和国国务院令第707号第四次修订的《中华人民共和国个人所得税法实施条例》,自2019年1月1日起施行。

(四)《个人所得税专项附加扣除暂行办法》

2018年12月13日,《国务院关于印发个人所得税专项附加扣除暂行办法的通知》(国发〔2018〕41号)对子女教育、继续教育、大病医疗、住房贷款利息或者住房租金、赡养老人等6项专项附加扣除的扣除主体、扣除范围、扣除标准和备查资料做出明确规定。该办法自2019年1月1日起施行。

（五）《关于全面实施新个人所得税法若干征管衔接问题的公告》

2018年12月19日，国家税务总局发布《关于全面实施新个人所得税法若干征管衔接问题的公告》（国家税务总局公告2018年第56号），就全面实施新个人所得税法后扣缴义务人对居民个人工资薪金所得、劳务报酬所得、稿酬所得、特许权使用费所得预扣预缴个人所得税的计算方法，对非居民个人上述四项所得扣缴个人所得税的计算方法做出明确规定。该公告自2019年1月1日起施行。

（六）《关于个人所得税自行纳税申报有关问题的公告》

2018年12月21日，国家税务总局发布《关于个人所得税自行纳税申报有关问题的公告》（国家税务总局公告2018年第62号），对取得综合所得、经营所得、境外所得、取得应税所得扣缴义务人未扣缴税款等情形下自行纳税申报做出明确规定。该公告自2019年1月1日起施行。

（七）《个人所得税扣缴申报管理办法（试行）》

2018年12月21日，国家税务总局关于发布《个人所得税扣缴申报管理办法（试行）》的公告（国家税务总局公告2018年第61号公告），该办法自2019年1月1日起施行。

（八）《个人所得税专项附加扣除操作办法（试行）》

2018年12月21日，国家税务总局关于发布《个人所得税专项附加扣除操作办法（试行）》的公告（国家税务总局公告2018年第60号），明确了享受扣除及办理时间、报送信息及留存备查资料、信息报送方式、后续管理等事项。该办法自2019年1月1日起施行，纳税人自2019年1月起就可以享受专项附加扣除政策的改革红利。

（九）《财政部 税务总局关于个人所得税法修改后有关优惠政策衔接问题的通知》

2018年12月27日，《财政部 税务总局关于个人所得税法修改后有关优惠政策衔接问题的通知》（财税〔2018〕164号）对全年一次性奖金、中央企业负责人年度绩效薪金延期兑现收入和任期奖励、上市公司股权激励等优惠政策衔接问题做出规定。该通知自2019年1月1日起执行。

(十)《财政部 税务总局关于非居民个人和无住所居民个人有关个人所得税政策的公告》

2019年3月14日,《财政部 税务总局关于非居民个人和无住所居民个人有关个人所得税政策的公告》(财政部 税务总局公告2019年第35号)发布。该公告自2019年1月1日起施行。

(十一)《财政部 税务总局关于公益慈善事业捐赠个人所得税政策的公告》

2019年12月30日,《财政部 税务总局关于公益慈善事业捐赠个人所得税政策的公告》(财政部 税务总局公告2019年第99号)对个人发生的公益捐赠支出金额、税前扣除金额等做出规定。该公告自2019年1月1日起施行。

(十二)《国家税务总局关于办理2019年度个人所得税综合所得汇算清缴事项的公告》

2019年12月31日,《国家税务总局关于办理2019年度个人所得税综合所得汇算清缴事项的公告》(国家税务总局公告2019年第44号)对2019年度汇算的内容、无需办理年度汇算的纳税人、需要办理年度汇算的纳税人、可享受的税前扣除、办理时间、方式和渠道进行规定。

(十三)《财政部 税务总局关于境外所得有关个人所得税政策的公告》

2020年1月17日,《财政部 税务总局关于境外所得有关个人所得税政策的公告》(财政部 税务总局公告2020年第3号),规定了境外所得的范围、税款计算方法等。

第二节　个人所得税的基本规定

一、个人所得税的纳税义务人与扣缴义务人

(一)个人所得税的纳税人

个人所得税是对个人征收的一种所得税,它的纳税义务人既包括个人,如中国公民、在中国有所得的外籍人员(包括无国籍人员)和香港、澳门、台湾同胞,还包括具有自然人性质的企业,如个体工商业户、个人独资企业、合伙企业。因为个体工商户、个人独资企业、合伙企业不构成法人,不适用《中华人民共和国企业所得税法》,不缴纳企业所得税。个体工商户业主、个人独资企业投资者、合伙企业合伙人取得的生产经营所得,应依法缴纳个人所得税。

(二)纳税人的划分

依据"住所"和"居住时间"两个标准,个人所得税的纳税人可分为居民个人和非居民个人,分别承担不同的纳税义务。

在中国境内有住所,或者无住所而一个纳税年度内在中国境内居住累计满183天的个人,为居民个人。我国税法对居民个人实行居民税收管辖权,因此居民个人从中国境内和境外取得的所得,需缴纳个人所得税。

在中国境内无住所又不居住,或者无住所而一个纳税年度内在中国境内居住累计不满183天的个人,为非居民个人。我国税法对非居民个人实行地域税收管辖权,因此非居民个人从中国境内取得的所得,需缴纳个人所得税。

"中国境内"是指中国大陆地区,不包括中国香港、中国澳门和中国台湾地区。在中国境内"有住所",并不等同于在中国境内有住房,而是指因户籍、家庭、经济利益关系在中国境内习惯性居住。"习惯性居住"是判定纳税人是居民个人还是非居民个人的一定法律意义上的标准,并不是指实际的居住地或者在某一个特定时期内的居住地。所谓在中国境内居住,是指在中国境内停留。根据《财政部 国家税务总局关于在中国境内无住所的个人居住时间判定标准的公告》(财政部 税务总局公告2019年第34号)规定:"在中国境内停留的当天满24小时的,计入中国境

内居住天数,在中国境内停留的当天不足24小时的,不计入中国境内居住天数。"我国的一个纳税年度,与公历自然年度相同,是指自公历1月1日至12月31日。

【案例 1-1】

美国人杰克2019年8月1日来到中国某大学讲学,2020年4月30日回国,在中国境内居住超过183天。判断杰克是否为居民个人?

解析:

美国人杰克虽然在中国境内居住超过183天,但是2019年纳税年度居住时间为5个月,2020年纳税年度居住时间为4个月,均未超过183天。因此,杰克2019年度和2020年度均为非居民个人,我国只对杰克来源于我国境内所得征收个人所得税。

(三)个人所得税的扣缴义务人

个人所得税的纳税人是自然人,人数众多,如果让每个人都直接去税务部门申报纳税,会引发征管高成本和税收效率低下的问题;在民众纳税意识普遍缺乏的社会背景下,还会导致税款流失。因此,实行源泉扣缴是解决此问题的最佳办法。也就是说,法律赋予支付所得的单位和个人有代为扣缴税款的义务,支付所得的单位和个人即为"代扣代缴义务人",简称"扣缴义务人"。实行源泉扣缴的最大优点是可以有效保护税源,保证国家的财政收入,防止偷税漏税行为,简化纳税手续。

二、个人所得税的征税对象

我国个人所得税自1980年立法以来,一直实行分类征税制,将纳税人取得的所得按来源渠道划分为11个项目。新个人所得税法取消了原所得项目中的"其他所得",将原"个体工商户的生产经营所得""对企事业单位的承包经营、承租经营所得"两个征税项目合并成"经营所得"。修订后的个人所得项目缩减为9个,分别为:① 工资薪金所得;② 劳务报酬所得;③ 特许权使用费所得;④ 稿酬所得;⑤ 经营所得;⑥ 财产租赁所得;⑦ 财产转让所得;⑧ 利息、股息、红利所得;⑨ 偶然所得。

因居民个人取得上述第①~④项所得,按纳税年度合并计算个人所得税,本书统称第①项至第④项所得为综合所得;纳税人取得的第⑤项经营所得,只能由纳税人自行申报,按月度或季度预缴,按纳税年度汇算清缴;纳税人取得的第⑥~⑨项所得,分别计算个人所得税,按次或按月由扣缴义务人代扣代缴税款,没有扣缴义务人的由纳税人自行申报纳税,不需要办理年终汇算清缴,本书统称第⑥~⑨项所得为分类所得。因此,笔者将9个所得项目按照征税模式分为3个类别:综合所得、经营所得和分类所得。

(一) 综合所得

1. 工资薪金所得

工资薪金所得,是指个人因任职或者受雇而取得的工资薪金、奖金、年终加薪、劳动分红、津贴、补贴以及与任职或者受雇有关的其他所得。下列项目不属于工资薪金性质的补贴、津贴,不征收个人所得税:① 独生子女补贴;② 执行公务员工资制度未纳入基本工资总额的补贴、津贴差额和家属成员的副食补贴;③ 托儿补助费;④ 差旅费津贴、误餐补助;⑤ 外国来华留学生领取的生活津贴费、奖学金。其中,误餐补助是指按照财政部规定,个人因公在城区、郊区工作,不能在工作单位或返回就餐的,根据实际误餐顿数,按规定的标准领取的误餐费。单位以误餐补助名义发给职工的补助、津贴不包括在内。

2. 劳务报酬所得

劳务报酬所得,是指个人从事劳务取得的所得,包括从事设计、装潢、安装、制图、化验、测试、医疗、法律、会计、咨询、讲学、翻译、审稿、书画、雕刻、影视、录音、录像、演出、表演、广告、展览、技术服务、介绍服务、经纪服务、代办服务以及其他劳务取得的所得。

虽然工资薪金所得与劳务报酬所得都属于综合所得的范围,但在个人所得税计算方面,两者之间仍然存在着一些差异,并影响个人的所得税税负。按照个人所得税法的规定,个人取得工资薪金所得时,必须按全额确认为收入额,计入全年的收入总额中;而如果取得的是劳务报酬所得,则以收入全额减除20%的费用后的余额确认为收入额。因此,对于纳税人来说,必须将工资薪金所得与劳务报酬所得加以严格区分。

工资薪金所得与劳务报酬所得的区别在于:工资薪金所得属于个人向任职受雇单位提供非独立个人劳务活动而取得的所得,具有连续性和固定性;个人与任职单位存在雇佣与被雇佣的关系,工作条件由单位提供,享受单位提供的福利待遇和社会保险;个人履行单位职务,只要个人没有违法行为,相关法律责任均归属于任职或受雇单位。劳务报酬所得是个人独立从事各种技艺、提供各种劳务取得的报酬,具有随机性和偶然性;个人与接受劳务单位不存在雇佣与被雇佣的关系,工作条件由个人提供,社会保险完全由自己负担,法律责任也由个人自行承担。

【案例 1-2】

个人取得董事费、监事费,是适用劳务报酬所得,还是工资薪金所得?

解析:

《国家税务总局关于印发〈征收个人所得税若干问题的规定〉的通知》(国税发〔1994〕89号)第八条规定:"个人由于担任董事职务所取得的董事费收入,属于劳务报酬所得性质,按照劳务报酬所得项目征收个人所得税。"

《国家税务总局关于明确个人所得税若干政策执行问题的通知》(国税发〔2009〕121号)对关于董事费征税问题规定如下:

(1) 国税发〔1994〕89号文件第八条规定的董事费按劳务报酬所得项目征税方法,仅适用于个人担任公司董事、监事,且不在公司任职、受雇的情形。

(2) 个人在公司(包括关联公司)任职、受雇,同时兼任董事、监事的,应将董事费、监事费与个人工资收入合并,统一按工资薪金所得项目缴纳个人所得税。

因此,个人取得董事费、监事费究竟是适用劳务报酬所得,还是工资薪金所得,主要依据个人是否在担任董事或监事的公司任职、受雇。

【案例 1-3】

有不少的保险、旅游等非有形商品经营的企业,通过其雇员或非雇员个人的推销、代理等服务活动开展业务。雇员或非雇员个人根据其推销、代理等服务活动的业绩从企业或其服务对象取得佣金、奖励和劳务费等名目的收入。请问,这些收入是属于劳务报酬所得,还是工资薪金所得?

解析:

《财政部 国家税务总局关于个人提供非有形商品推销代理等服务活动取得收入征收营业税和个人所得税有关问题的通知》(财税字〔1997〕103号)规定如下:

(1) 对雇员的税务处理。雇员为本企业提供非有形商品推销、代理等服务活动并取得佣金、奖励和劳务费等名目的收入,无论该收入采用何种计取方法和支付方式,均应计入该雇员的当期工资薪金所得,按照规定计算征收个人所得税。

(2) 对非雇员的税务处理。非本企业雇员为企业提供非有形商品推销、代理等服务活动并取得的佣金、奖励和劳务费等名目的收入,无论该收入采用何种计取方法和支付方式,均应作为劳务报酬所得,且按照有关规定计算征收个人所得税。

3. 稿酬所得

稿酬所得,是指个人因其作品以图书、报刊形式出版、发表而取得的所得。作品包括文学作品、书画作品、摄影作品以及其他作品。若作者去世,那么财产继承人取得的遗作稿酬也应征收个人所得税。

> **如何判定稿酬所得？**
>
> 应从以下两个方面进行判断。
>
> 第一，个人与相关单位的关系。除特殊情况外，如果个人是在任职单位的报刊、图书上发表作品的，那么相关的所得与其任职或受雇密切相关，根据《国家税务局关于个人所得税若干业务问题的批复》（国税函〔2002〕146号）规定："任职、受雇于报刊、杂志等单位的记者、编辑等专业人员，因在本单位的报刊、杂志上发表作品取得的所得，属于因任职、受雇而取得的所得，应与其当月工资收入合并，按工资薪金所得项目征收个人所得税。"
>
> 第二，必须出版或者发表。按照税法的要求，稿酬所得必须以图书或者报刊等形式出版、发表。出版和发表均是指向世人公开。如果某个人的作品只是在特定范围内为特定对象知晓，那么就不能归为稿酬所得。例如，画家在报刊上发表作品取得报酬就是稿酬所得；画家在现场作画并取得报酬，可以归属于劳务报酬所得。

4. 特许权使用费所得

特许权使用费所得，是指个人提供专利权、商标权、著作权、非专利技术以及其他特许权的使用权取得的所得。提供著作权的使用权取得的所得不包括稿酬所得。

作者将自己的文字作品手稿原件或复印件公开拍卖（竞价）取得的所得，属于提供著作权的使用所得，应按"特许权使用费所得"项目征收个人所得税。

个人取得特许权的经济赔偿收入，应按"特许权使用费所得"项目缴纳个人所得税，税款由支付赔偿的单位或个人代扣代缴。

从2002年5月1日起，编剧从电视剧的制作单位取得的剧本使用费，不再区分剧本的使用方是否为其任职单位，均按"特许权使用费所得"项目征收个人所得税。

稿酬所得与特许权使用费所得虽然都属于综合所得的范围，但在应税所得的计量方面存在较大的差异。稿酬所得、特许权使用费所得虽然均以收入减除20%的费用后的余额为收入额，但稿酬所得的收入额还可以减按70%计算。对税收征纳双方而言，都需要对稿酬所得与特许权使用费所得加以区分。

> **如何区分稿酬所得与著作权的特许权使用费所得?**
>
> 从税法的角度对两者的概念界定中很容易得到稿酬所得与特许权使用费的区分标准。即稿酬所得必须是以特定的形式,如以图书、报刊等形式出版、发表而取得的所得;而著作权的特许权使用费则是取得著作权之后,再授权他人使用而取得的所得,如授权他人将自己的小说改编成电影或者电视剧。但如果授权他人以图书、报刊等形式发表而取得的所得仍然属于稿酬所得。

【案例 1-4】

摄影作品被广告公司使用而取得的报酬,属于哪种所得?

解析:

《国家税务总局关于印发〈广告市场个人所得税征收管理暂行办法〉的通知》(国税发〔1996〕148 号)规定:"纳税人在广告设计、制作、发布过程中提供其他劳务取得的所得,视其情况分别按照税法法规的劳务报酬所得、稿酬所得、特许权使用费所得等应税项目计算纳税。"

(1) 如果个人任职于广告公司,并从事摄影工作,那么相关的摄影作品被广告公司使用,其取得的报酬应当按工资薪金所得纳税。

(2) 如果个人不是广告公司的职员,与广告公司约定,为广告公司提供拍摄劳务,拍摄作品所有权属于广告公司,那么该个人取得的报酬就应当视同劳务报酬所得项目征税。

(3) 如果个人不是广告公司职员,将摄影作品授权给广告公司使用,应当按照特许权使用费所得纳税。

(4) 如果个人作为摄影人员,其摄影作品投递给出版社、杂志社,通过图书或者报刊的形式发表、出版,那么个人取得的报酬就应当适用稿酬所得项目征收个人所得税。

(二) 经营所得

经营所得,是指个体工商户从事生产、经营活动取得的所得,个人独资企业投资人、合伙企业的个人合伙人来源于境内注册的个人独资企业、合伙企业生产、经营的所得;个人依法从事办学、医疗、咨询以及其他有偿服务活动取得的所得;个人对企业、事业单位承包经营、承租经营以及转包、转租取得的所得;个人从事其他生产、经营活动取得的所得。

（三）分类所得

1. 利息、股息、红利所得

利息、股息、红利所得，是指个人拥有债权、股权而取得的利息、股息、红利所得。其中，利息一般是指存款、贷款和债券的利息。股息、红利是指个人拥有股权取得的公司、企业分红。

对职工个人以股份形式取得的企业量化资产参与企业分配而获得的股息、红利，应按"利息、股息、红利"项目征收个人所得税。

除个人独资企业、合伙企业以外的其他企业的个人投资者，以企业资金为本人、家庭成员及其相关人员支付与企业生产经营无关的消费性支出及购买汽车、住房等财产性支出，视为企业对个人投资者的红利分配，依照"利息、股息、红利所得"项目计征个人所得税。

纳税年度内个人投资者从其投资企业（个人独资企业、合伙企业除外）借款，在该纳税年度终了后既不归还，又未用于企业生产经营的，其未归还的借款可视为企业对个人投资者的红利分配，依照"利息、股息、红利所得"项目计征个人所得税。

2. 财产租赁所得

财产租赁所得，是指个人出租不动产、土地使用权、机器设备、车船以及其他财产取得的所得。个人取得的房屋转租收入，属于"财产租赁所得"项目。

房地产开发企业与商店购买者个人签订协议，以优惠价格出售其商店给购买者个人，购买者个人在一定期限内必须将购买的商店无偿提供给房地产开发企业对外出租使用。该行为实质上是购买者个人以所购商店交由房地产开发企业出租而取得的房屋租赁收入支付了部分购房价款。对购买者个人少支出的购房价款，应视同个人财产租赁所得，按照"财产租赁所得"项目征收个人所得税。每次财产租赁所得的收入额，按照少支出的购房价款和协议规定的租赁月份数平均计算确定。

> **如何区分特许权使用费所得与财产租赁所得？**
>
> 特许权使用费所得是指个人提供专利权、商标权、著作权、非专利技术以及其他特许权的使用权取得的所得。财产租赁所得是指个人出租不动产、机器设备、车船以及其他财产取得的所得。因此，两者都不是转让所有权，只是允许他人使用自己的财产而取得收益。但特许权使用费是授权他人使用无形资产（相当于出租无形资产）而取得的所得，财产租赁所得则是出租不动产与机器、设备等动产等财产而取得的所得。

3. 财产转让所得

财产转让所得，是指个人转让有价证券、股权、合伙企业中的财产份额、不动产、土地使用权、机器设备、车船以及其他财产取得的所得。

个人将投资于在中国境内成立的企业或组织（不包括个人独资企业和合伙企业）的股权或股份，转让给其他个人或法人的行为，按照"财产转让所得"项目，依法计算缴纳个人所得税，具体包括以下情形：① 出售股权；② 公司回购股权；③ 发行人首次公开发行新股时，被投资企业股东将其持有的股份以公开发行方式一并向投资者发售；④ 股权被司法或行政机关强制过户；⑤ 以股权对外投资或进行其他非货币性交易；⑥ 以股权抵偿债务；⑦ 其他股权转移行为。

个人因各种原因终止投资、联营、经营合作等行为，从被投资企业或合作项目、被投资企业的其他投资者以及合作项目的经营合作人取得股权转让收入、违约金、补偿金、赔偿金及以其他名目收回的款项等，均属于个人所得税应税收入，应按照"财产转让所得"项目适用的规定计算缴纳个人所得税。

个人以非货币性资产投资，属于个人转让非货币性资产和投资同时发生。对个人转让非货币性资产的所得，应按照"财产转让所得"，依法计算缴纳个人所得税。

个人通过招标、竞拍或其他方式购置债权以后，通过相关司法或行政程序主张债权而取得的所得，应按照"财产转让所得"缴纳个人所得税。

个人通过网络收购玩家的虚拟货币，加价后向他人出售取得的收入，属于个人所得税应税所得，应按照"财产转让所得"计算缴纳个人所得税。

4. 偶然所得

偶然所得，是指个人得奖、中奖、中彩以及其他偶然性质的所得。得奖是指因参加各种有奖竞赛活动而取得名次并得到的奖金；中奖、中彩是指参加各种有奖活动，如有奖储蓄，或者购买彩票，经过规定程序，抽中、摇中号码而取得的奖金。

个人为单位或他人提供担保而获得的收入，按照"偶然所得"项目计算缴纳个人所得税。

房屋产权所有人将房屋产权无偿赠与他人的，受赠人因无偿受赠房屋取得的受赠收入，按照"偶然所得"项目计算缴纳个人所得税。但不包括以下三种情形：① 房屋产权所有人将房屋产权无偿赠与配偶、父母、子女、祖父母、外祖父母、孙子女、外孙子女、兄弟姐妹；② 房屋产权所有人将房屋产权无偿赠与对其承担直接抚养或者赡养义务的抚养人或者赡养人；③ 房屋产权所有人死亡，依法取得房屋产权的法定继承人、遗嘱继承人或者受遗赠人。

企业在业务宣传、广告等活动中，随机向本单位以外的个人赠送礼品（包括网络红包)以及企业在年会、座谈会、庆典以及其他活动中向本单位以外的个人赠送礼品,个人取得的礼品收入,按照"偶然所得"项目计算缴纳个人所得税,但企业赠送的具有价格折扣或折让性质的消费券、代金券、抵用券、优惠券等礼品除外。

企业对累积消费达到一定额度的顾客,给予额外的抽奖机会,个人的获奖所得,按照"偶然所得"项目,全额适用20%的税率缴纳个人所得税。个人取得单张有奖发票奖金所得不超过800元(含800元)的,暂免征收个人所得税;个人取得单张有奖发票奖金所得超过800元的,应全额按照个人所得税法规定的"偶然所得"项目征收个人所得税。

(二)个人所得来源地的确定

居民个人和非居民个人对来源于境内所得和境外所得承担不同的纳税义务,所得来源地是确定该项所得是否应该征收个人所得税的重要依据,因此,在税法中有必要明确规定所得来源地。

《个人所得税法实施条例》第三条规定,除国务院财政、税务主管部门另有规定外,下列所得,不论支付地点是否在中国境内,均为来源于中国境内的所得:

(1)因任职、受雇、履约等而在中国境内提供劳务取得的所得。

(2)在中国境内开展经营活动时取得与经营活动相关的所得。

(3)将财产出租给承租人在中国境内使用而取得的所得。

(4)许可各种特许权在中国境内使用而取得的所得。

(5)转让中国境内的不动产、土地使用权取得的所得;转让对中国境内企事业单位和其他经济组织投资形成的权益性资产取得的所得;在中国境内转让动产以及其他财产取得的所得。

(6)由中国境内企事业单位和其他经济组织以及居民个人支付或负担的稿酬所得、偶然所得。

(7)从中国境内企事业单位和其他经济组织或者居民个人取得的利息、股息、红利所得。

《财政部 税务总局关于境外所得有关个人所得税政策的公告》(财政部 税务总局公告2020年第3号)第一条规定,下列所得为来源于中国境外的所得:

(1)因任职、受雇、履约等在中国境外提供劳务取得的所得。

(2)中国境外企业以及其他组织支付且负担的稿酬所得。

(3)许可各种特许权在中国境外使用而取得的所得。

(4)在中国境外从事生产、经营活动而取得的与生产、经营活动相关的所得。

(5)从中国境外企业、其他组织以及非居民个人取得的利息、股息、红利所得。

(6) 将财产出租给承租人在中国境外使用而取得的所得。

(7) 转让中国境外的不动产、转让对中国境外企业以及其他组织投资形成的股票、股权以及其他权益性资产(以下称权益性资产)或者在中国境外转让其他财产取得的所得。但转让对中国境外企业以及其他组织投资形成的权益性资产，该权益性资产被转让前三年(连续36个公历月份)内的任一时间，被投资企业或其他组织的资产公允价值50%以上直接或间接来自位于中国境内的不动产的，取得的所得为来源于中国境内的所得。

(8) 中国境外企业、其他组织以及非居民个人支付且负担的偶然所得。

(9) 财政部、税务总局另有规定的，按照相关规定执行。

(三) 个人取得所得的形式

个人所得的形式主要包括现金、实物、有价证券和其他形式的经济利益。所得为实物的，应当按照取得的凭证上所注明的价格计算应纳税所得额，无凭证的实物或者凭证上所注明的价格明显偏低的，参照市场价格核定应纳税所得额；所得为有价证券的，根据票面价格和市场价格核定应纳税所得额；所得为其他形式的经济利益的，参照市场价格核定应纳税所得额。

三、个人所得税的计税依据

个人所得税的计税依据是应纳税所得额，是个人取得的收入扣除相关成本、费用后的余额。

(一) 综合所得的应纳税所得额

居民个人的综合所得，以每一纳税年度的收入额减除费用6万元以及专项扣除、专项附加扣除和依法确定的其他扣除后的余额，为应纳税所得额。其中：

每一纳税年度的收入额包括工资薪金所得、劳务报酬所得、稿酬所得、特许权使用费所得的收入额。工资薪金所得以收入全额为收入额；劳务报酬所得、稿酬所得、特许权使用费所得以收入减除20%的费用后的余额为收入额；稿酬所得的收入额减按70%计算。

费用6万元，是指按定额扣除方法确定的纳税人基本生活费用，即月标准为5 000元，也就是人们通常所说的"起征点"，实质上是"免征额"。

专项扣除，包括居民个人按照国家规定的范围和标准缴纳的基本养老保险、基本医疗保险、失业保险等社会保险费和住房公积金等。

专项附加扣除,包括子女教育、继续教育、大病医疗、住房贷款利息或者住房租金、赡养老人等支出。

依法确定的其他扣除,包括个人缴纳符合国家规定的企业年金、职业年金,个人购买符合国家规定的商业健康保险、税收递延型商业养老保险的支出以及国务院规定可以扣除的其他项目。

专项扣除、专项附加扣除和依法确定的其他扣除,以居民个人一个纳税年度的应纳税所得额为限额;一个纳税年度扣除不完的,不结转以后年度扣除。

非居民个人的工资薪金所得,以每月收入额减除费用5 000元后的余额为应纳税所得额;工资薪金所得以收入全额为收入额。

非居民个人的劳务报酬所得、稿酬所得、特许权使用费所得,以每次收入额为应纳税所得额。劳务报酬所得、稿酬所得、特许权使用费所得以总收入减除20%的费用后的余额为收入额;稿酬所得的收入额减按70%计算。

（二）经营所得的应税所得额

经营所得,以每一纳税年度的收入总额减除成本、费用以及损失后的余额,为应纳税所得额。其中：

收入总额,是指从事生产经营以及与生产经营有关的活动取得的货币形式和非货币形式的各项收入,包括销售货物收入、提供劳务收入、转让财产收入、利息收入、租金收入、接受捐赠收入、其他收入。

成本、费用,是指生产、经营活动中发生的各项直接支出和分配计入成本的间接费用以及销售费用、管理费用、财务费用。

损失,是指生产、经营活动中发生的固定资产和存货的盘亏、毁损、报废损失,转让财产损失,坏账损失,自然灾害等不可抗力因素造成的损失以及其他损失。

取得经营所得的个人,没有综合所得的,计算其每一纳税年度的应纳税所得额时,应当减除费用6万元、专项扣除、专项附加扣除以及依法确定的其他扣除。专项附加扣除在办理汇算清缴时减除。

（三）分类所得的应纳税所得额

财产租赁所得,以财产租赁收入依次扣除减除费用、财产租赁过程发生的税费、修缮费和准予扣除的捐赠额后的净额为应纳税所得额。每次收入不超过4 000元的,减除费用800元;4 000元以上的,减除20%的费用,其余额为应纳税所得额。

财产转让所得,以转让财产的收入额减除财产原值和合理费用后的余额,为应纳税所得额。其中：

财产原值，按照下列方法确定：① 有价证券，为买入价以及买入时按照规定交纳的有关费用；② 建筑物，为建造费或者购进价格以及其他有关费用；③ 土地使用权，为取得土地使用权所支付的金额、开发土地的费用以及其他有关费用；④ 机器设备、车船，为购进价格、运输费、安装费以及其他有关费用。纳税人未提供完整、准确的财产原值凭证，不能按照上述规定的方法确定财产原值的，由主管税务机关核定财产原值。

合理费用，是指卖出财产时按照规定支付的有关税费。

利息、股息、红利所得和偶然所得，以每次收入额为应纳税所得额。

（四）专项附加扣除

专项附加扣除，包括子女教育、继续教育、大病医疗、住房贷款利息或者住房租金、赡养老人等支出。个人所得税专项附加扣除遵循公平合理、利于民生、简便易行的原则。根据教育、医疗、住房、养老等民生支出变化情况，国务院适时调整专项附加扣除具体范围和标准。

1. 子女教育专项附加扣除

纳税人的子女接受全日制学历教育的相关支出，按照每个子女每月 1 000 元的标准定额扣除。

学历教育包括义务教育（小学、初中教育）、高中阶段教育（普通高中、中等职业、技工教育）、高等教育（大学专科、大学本科、硕士研究生、博士研究生教育）。年满 3 岁至小学入学前处于学前教育阶段的子女，按照每个子女每月 1 000 元的标准定额扣除。

父母可以选择由其中一方按扣除标准的 100% 扣除，也可以选择由双方分别按扣除标准的 50% 扣除，具体扣除方式在一个纳税年度内不能变更。

纳税人享受子女教育专项附加扣除的时间：① 学前教育阶段，为子女年满 3 周岁当月至小学入学前一月；② 学历教育，为子女接受全日制学历教育入学的当月至全日制学历教育结束的当月。

2. 继续教育专项附加扣除

纳税人在中国境内接受学历（学位）继续教育的支出，在学历（学位）教育期间按照每月 400 元定额扣除。同一学历（学位）继续教育的扣除期限不能超过 48 个月。纳税人接受技能人员职业资格继续教育、专业技术人员职业资格继续教育的支出，在取得相关证书的当年，按照 3 600 元定额扣除。个人接受本科及以下学历（学位）继续教育，符合《个人所得税专项附加扣除暂行办法》规定扣除条件的，可以选择由其父母扣除,也可以选择由本人扣除。

纳税人享受继续教育专项附加扣除的时间:① 学历(学位)继续教育,为在中国境内接受学历(学位)继续教育入学的当月至学历(学位)继续教育结束的当月,同一学历(学位)继续教育的扣除期限最长不得超过 48 个月;② 技能人员职业资格继续教育、专业技术人员职业资格继续教育,为取得相关证书的当年。

3. 大病医疗专项附加扣除

在一个纳税年度内,纳税人发生的与基本医保相关的医药费用支出,扣除医保报销后个人负担(指医保目录范围内的自付部分)累计超过 15 000 元的部分,由纳税人在办理年度汇算清缴时,在 80 000 元限额内据实扣除。

纳税人发生的医药费用支出可以选择由本人或者其配偶扣除;未成年子女发生的医药费用支出可以选择由其父母一方扣除。

纳税人享受大病医疗支出专项附加扣除的时间为医疗保障信息系统记录的医药费用实际支出的当年。

4. 住房贷款利息专项附加扣除

纳税人本人或者配偶单独或者共同使用商业银行或者住房公积金个人住房贷款为本人或者其配偶购买中国境内住房,发生的首套住房贷款利息支出,在实际发生贷款利息的年度,按照每月 1 000 元的标准定额扣除,扣除期限最长不超过 240 个月。纳税人只能享受一次首套住房贷款的利息扣除。

经夫妻双方约定,可以选择由其中一方扣除,具体扣除方式在一个纳税年度内不能变更。

夫妻双方婚前分别购买住房发生的首套住房贷款,其贷款利息支出,婚后可以选择其中一套购买的住房,由购买方按扣除标准的 100% 扣除,也可以由夫妻双方对各自购买的住房分别按扣除标准的 50% 扣除,具体扣除方式在一个纳税年度内不能变更。

纳税人享受住房贷款利息专项附加扣除的时间为贷款合同约定开始还款的当月至贷款全部归还或贷款合同终止的当月,扣除期限最长不得超过 240 个月。

5. 住房租金专项附加扣除

纳税人在主要工作城市没有自有住房而发生的住房租金支出,可以按照以下标准定额扣除:

直辖市、省会(首府)城市、计划单列市以及国务院确定的其他城市,扣除标准为每月 1 500 元。

除上述所列城市以外,市辖区户籍人口超过 100 万的城市,扣除标准为每月 1 100 元;市辖区户籍人口不超过 100 万的城市,扣除标准为每月 800 元。

纳税人的配偶在纳税人的主要工作城市有自有住房的,视同纳税人在主要工作城市有自有住房。夫妻双方主要工作城市相同的,只能由一方扣除住房租金支出。住房租金支出由签订租赁住房合同的承租人扣除。纳税人及其配偶在一个纳税年度内不能同时分别享受住房贷款利息和住房租金专项附加扣除。纳税人应当留存住房租赁合同、协议等有关资料备查。

纳税人享受住房贷款利息专项附加扣除的时间为租赁合同(协议)约定的房屋租赁期开始的当月至租赁期结束的当月。提前终止合同(协议)的,以实际租赁期限为准。

6. 赡养老人专项附加扣除

纳税人赡养一位及以上被赡养人的赡养支出,统一按照以下标准定额扣除:

(1) 纳税人为独生子女的,按照每月 2 000 元的标准定额扣除。

(2) 纳税人为非独生子女的,由其与兄弟姐妹分摊每月 2 000 元的扣除额度,每人分摊的额度不能超过每月 1 000 元。可以由赡养人均摊或者约定分摊,也可以由被赡养人指定分摊。约定或者指定分摊的须签订书面分摊协议,指定分摊优先于约定分摊。具体分摊方式和额度在一个纳税年度内不能变更。

被赡养人是指年满 60 岁的父母以及子女均已去世的年满 60 岁的祖父母、外祖父母。

纳税人享受赡养老人专项附加扣除的时间为被赡养人年满 60 周岁的当月至赡养义务终止的年末。

(五) 公益捐赠的扣除

1. 个人公益捐赠的内涵

公益性捐赠是指个人通过中华人民共和国境内公益性社会组织、县级以上人民政府及其部门等国家机关,向教育、扶贫、济困等公益慈善事业的捐赠。境内公益性社会组织,包括依法设立或登记并按规定条件和程序取得公益性捐赠税前扣除资格的慈善组织、其他社会组织和群众团体。

2. 个人公益捐赠的扣除比例

个人将其所得对教育、扶贫、济困等公益慈善事业进行捐赠,捐赠额未超过纳税人申报的应纳税所得额 30% 的部分,可以从其应纳税所得额中扣除;此处的应纳税所得额,是指计算扣除捐赠额之前的应纳税所得额。

个人发生的下列公益捐赠,允许在计算个人所得税时实行全额税前扣除。

1) 对红十字事业的捐赠

《财政部 国家税务总局关于企业等社会力量向红十字事业捐赠有关所得税政

策问题的通知》(财税〔2000〕30 号)规定:"个人通过非营利性的社会团体和国家机关(包括中国红十字会)向红十字事业的捐赠,在计算缴纳企业所得税和个人所得税时准予全额扣除。"该通知自 2000 年 1 月 1 日起执行。

2) 向农村义务教育捐赠

《财政部 国家税务总局关于纳税人向农村义务教育捐赠有关所得税政策的通知》(财税〔2001〕103 号)规定:"企事业单位、社会团体和个人等社会力量通过非营利的社会团体和国家机关向农村义务教育的捐赠,准予在缴纳企业所得税和个人所得税税前的所得额中全额扣除。"该通知自 2001 年 7 月 1 日起执行。

3) 向公益性青少年活动场所捐赠

《财政部 国家税务总局关于对青少年活动场所、电子游戏厅有关所得税和营业税政策问题的通知》(财税〔2000〕21 号)规定:"对企事业单位、社会团体和个人等社会力量,通过非营利性的社会团体和国家机关对公益性青少年活动场所(其中包括新建)的捐赠,在缴纳企业所得税和个人所得税税前准予全额扣除。"该通知自 2000 年 1 月 1 日起执行。

4) 向福利性、非营利性老年服务机构捐赠

《财政部 国家税务总局关于对老年服务机构有关税收政策问题的通知》(财税〔2000〕97 号)规定:"对企事业单位、社会团体和个人等社会力量,通过非营利性的社会团体和政府部门向福利性、非营利性的老年服务机构的捐赠,在缴纳企业所得税和个人所得税税前准予全额扣除。"该通知自 2000 年 10 月 1 日起执行。

5) 通过中国境内非营利的社会团体、国家机关向教育事业的捐赠

《财政部 国家税务总局关于教育税收政策的通知》(财税〔2004〕39 号)第一条第八款规定:"纳税人通过中国境内非营利的社会团体、国家机关向教育事业的捐赠,准予在企业所得税和个人所得税前全额扣除。"该通知自 2004 年 1 月 1 日起执行。

6) 个人向慈善机构、基金会等非营利机构的公益、救济性捐赠

《财政部 国家税务总局关于完善城镇社会保障体系试点中有关所得税政策问题的通知》(财税〔2001〕9 号)规定:"对企业、事业单位、社会团体和个人向慈善机构、基金会等非营利机构的公益、救济性捐赠,准予在缴纳企业所得税和个人所得税税前全额扣除。"

7) 通过中国老龄事业发展基金会等 8 家单位用于公益救济性的捐赠

《财政部 国家税务总局关于中国老龄事业发展基金会等 8 家单位捐赠所得税政策问题的通知》(财税〔2006〕66 号)规定:"对企业、事业单位、社会团体和个人等社会力量,通过中国老龄事业发展基金会、中国华文教育基金会、中国绿化基金会、

中国妇女发展基金会、中国关心下一代健康体育基金会、中国生物多样性保护基金会、中国儿童少年基金会和中国光彩事业基金会用于公益救济性捐赠,准予在缴纳企业所得税和个人所得税前全额扣除。"该通知自 2006 年 1 月 1 日起执行。

8) 通过宋庆龄基金会等 6 家单位用于公益救济性的捐赠

《财政部 国家税务总局关于向宋庆龄基金会等 6 家单位捐赠所得税政策问题的通知》(财税〔2004〕172 号)规定:"对企业、事业单位、社会团体和个人等社会力量,通过宋庆龄基金会、中国福利会、中国残疾人福利基金会、中国扶贫基金会、中国煤矿尘肺病治疗基金会、中华环境保护基金会用于公益救济性的捐赠,准予在缴纳企业所得税和个人所得税前全额扣除。"该通知自 2004 年 1 月 1 日起执行。

9) 向中华健康快车基金会等 5 家单位捐赠

《财政部 国家税务总局关于向中华健康快车基金会等 5 家单位的捐赠所得税税前扣除问题的通知》(财税〔2003〕204 号)规定:"对企业、事业单位、社会团体和个人等社会力量,向中华健康快车基金会和孙冶方经济科学基金会、中华慈善总会、中国法律援助基金会和中华见义勇为基金会的捐赠,准予在缴纳企业所得税和个人所得税前全额扣除。"该通知自 2003 年 1 月 1 日起执行。

10) 通过中国医药卫生事业发展基金会用于公益救济性的捐赠

《财政部 国家税务总局关于中国医药卫生事业发展基金会捐赠所得税政策问题的通知》(财税〔2006〕67 号)规定:"对企业、事业单位、社会团体和个人等社会力量,通过中国医药卫生事业发展基金会用于公益救济性捐赠,准予在缴纳企业所得税和个人所得税前全额扣除。"该通知自 2006 年 1 月 1 日起执行。

11) 通过中国教育发展基金会用于公益救济性的捐赠

《财政部 国家税务总局关于中国教育发展基金会捐赠所得税政策问题的通知》(财税〔2006〕68 号)规定:"对企业、事业单位、社会团体和个人等社会力量,通过中国教育发展基金会用于公益救济性捐赠,准予在缴纳企业所得税和个人所得税前全额扣除。"该通知自 2006 年 1 月 1 日起执行。

12) 直接向承担疫情防治任务的医院捐赠用于应对新型冠状病毒感染的肺炎疫情的物品

《财政部 税务总局关于支持新型冠状病毒感染的肺炎疫情防控有关捐赠税收政策的公告》(财政部 税务总局公告 2020 年第 9 号)规定:"企业和个人通过公益性社会组织或者县级以上人民政府及其部门等国家机关,捐赠用于应对新型冠状病毒感染的肺炎疫情的现金和物品,允许在计算应纳税所得额时全额扣除。企业和个人直接向承担疫情防治任务的医院捐赠用于应对新型冠状病毒感染的肺炎疫情的物品,允许在计算应纳税所得额时全额扣除。捐赠人凭承担疫情防治任务的医院开具的捐赠接收函办理税前扣除事宜。本公告自2020年1月1日起施行,截止日期视疫情情况另行公告。"

值得注意的是,企业和个人直接向受赠人进行的捐赠是不允许税前扣除的。唯独企业和个人直接向承担疫情防治任务的医院捐赠用于应对新型冠状病毒感染的肺炎疫情的物品,允许在计算应纳税所得额时全额扣除,说明国家税收政策对疫情防治工作的支持。

3. 个人公益捐赠支出金额的确定

个人发生的公益捐赠支出金额,按照以下规定确定:

(1) 捐赠货币性资产的,按照实际捐赠金额确定。

(2) 捐赠股权、房产的,按照个人持有股权、房产的财产原值确定。

(3) 捐赠除股权、房产以外的其他非货币性资产的,按照非货币性资产的市场价格确定。

4. 个人公益捐赠扣除顺序的选择

居民个人发生的公益捐赠支出,可在捐赠当月取得的财产租赁所得、财产转让所得、利息股息红利所得、偶然所得中扣除,也可以在捐赠当年的综合所得或者经营所得中扣除。在当期一个所得项目扣除不完的公益捐赠支出,可以按规定在其他所得项目中继续扣除;居民个人根据各项所得的收入、公益捐赠支出、适用税率等情况,自行决定在综合所得、分类所得、经营所得中扣除的公益捐赠支出的顺序。

居民个人取得工资薪金所得的,可以选择在预扣预缴时扣除,也可以选择在年度汇算清缴时扣除。居民个人取得全年一次性奖金、股权激励等所得,且按规定采取不并入综合所得而单独计税方式处理的,在取得所得的当月扣除。居民个人取得劳务报酬所得、稿酬所得、特许权使用费所得的,预扣预缴时不扣除公益捐赠支出,统一在汇算清缴时扣除。

在经营所得中扣除公益捐赠支出的,可以选择在预缴税款时扣除,也可以选择在汇算清缴时扣除。经营所得采取核定征收方式的,不扣除公益捐赠支出。

居民个人发生的公益捐赠支出,可在捐赠当月取得的分类所得中扣除。当月分类所得应扣除未扣除的公益捐赠支出,可以按照规定追补扣除。

居民个人捐赠当月有多项多次分类所得的,应先在其中一项一次分类所得中扣除。已经在分类所得中扣除的公益捐赠支出,不再调整到其他所得中扣除。

非居民个人发生的公益捐赠支出,未超过其在公益捐赠支出发生的当月应纳税所得额30%的部分,可以从其应纳税所得额中扣除。扣除不完的公益捐赠支出,可以在经营所得中继续扣除。

个人同时发生按30%扣除和全额扣除的公益捐赠支出,自行选择扣除次序。

5. 总结

公益捐赠在不同所得中的税前扣除时间如表 1-4 所示。

表 1-4　公益捐赠在不同所得中的税前扣除时间表

纳税人类型	所得类型		扣除时间
居民纳税人	综合所得	工资薪金所得	预扣预缴或汇算清缴
		稿酬所得	年度汇算清缴
		劳务报酬所得	
		特许权使用费所得	
	分类所得	不并入综合所得的全年一次性奖金、股权激励	取得所得的当月代扣代缴或追补扣除
		财产转让所得	
		财产租赁所得	
		股息、利息、红利所得	
		偶然所得	
非居民纳税人	经营所得		预扣预缴或汇算清缴
	经营所得		
	除经营所得以外的其他所得		取得所得的当月代扣代缴或追补扣除

四、个人所得税的税率

(一) 居民个人综合所得适用税率/预扣率

居民个人取得综合所得,按年计算个人所得税;有扣缴义务人的,由扣缴义务人按月或者按次预扣预缴税款;居民个人取得工资薪金所得,按月预扣,预缴时适用个人所得税预扣率表一(附表 1);居民个人取得劳务报酬所得,按次预扣,预缴时适用个人所得税预扣率表二(附表 2);居民个人取得稿酬所得和特许权使用费所得,按次预扣预缴时适用比例税率 20%。

居民个人取得综合所得,应当在取得所得的次年 3 月 1 日至 6 月 30 日内办理汇算清缴,适用个人所得税税率表一(附表 3)。

（二）非居民个人工资薪金所得、劳务报酬所得、稿酬所得和特许权使用费所得适用税率

非居民个人取得工资薪金所得、劳务报酬所得、稿酬所得和特许权使用费所得，有扣缴义务人的，由扣缴义务人按月或者按次代扣代缴税款，不办理汇算清缴。扣缴义务人未履行代扣代缴义务的，非居民个人应当在取得所得的次年6月30日前，向扣缴义务人所在地主管税务机关办理纳税申报。有两个以上扣缴义务人均未扣缴税款的，选择向其中一处扣缴义务人所在地主管税务机关办理纳税申报。非居民个人工资薪金所得、劳务报酬所得、稿酬所得和特许权使用费所得适用个人所得税税率表二（附表4），此税率表是依照个人所得税税率表一（附表3）按月份折算而得到的，又称"月度税率表"。

（三）经营所得适用税率

纳税人取得经营所得，按年计算个人所得税；由纳税人在月度或季度终了后15日内，向经营管理所在地主管税务机关办理预缴纳税申报。在取得所得的次年3月31日前，向经营管理所在地主管税务机关办理汇算清缴。经营所得的预缴环节和汇算清缴环节，均适用个人所得税税率表三（附表5）。

（四）分类所得适用税率

利息、股息、红利所得，财产租赁所得，财产转让所得和偶然所得，适用比例税率，税率为20%。

个人所得税的预扣率/税率，如表1-5所示：

表 1-5　个人所得税预扣率/税率表

应税所得	纳税人	纳税环节	税率/预扣率表	适用情形	备注
综合所得	居民个人	预扣预缴环节	个人所得税预扣率表一	居民个人工资薪金所得预扣预缴适用	附表1
			个人所得税预扣率表二	居民个人劳务报酬所得预扣预缴适用	附表2
			比例税率20%	居民个人取得稿酬所得、特许权使用费所得适用	
		汇算清缴环节		居民个人综合所得汇算清缴适用	
		单独纳税	个人所得税税率表一	解除劳动关系、提前退休取得一次性补偿收入,居民个人取得上市公司股权激励,居民个人按年领取企业年金、职业年金或出境定居、一次性领取企业年金、职业年金	附表3
		与综合所得合并纳税		全年一次性奖金、央企负责人年度绩效薪金延期兑现收入和任期奖励	
		单独纳税			
		单独纳税		单位低价向职工售房的差价、居民个人按月份/季度领取企业年金、职业年金	
工资薪金所得	非居民个人	按月纳税	个人所得税税率表二	非居民个人工资薪金所得、劳务报酬所得、稿酬所得、特许权使用费所得适用,非居民个人一次性取得数月奖金,非居民个人取得股权激励所得	附表4
劳务报酬所得		按次纳税			
稿酬所得					
特许权使用费所得					

续表

应税所得	纳税人	纳税环节	税率/预扣率表	适用情形	备注
经营所得	所有纳税人	月份/季度预缴	个人所得税税率表三	取得经营所得的纳税人预缴和汇算清缴适用	附表5
		年度汇算清缴			
分类所得	所有纳税人	按次纳税	比例税率20%	取得财产转让所得、财产租赁所得、股息红利利息所得、偶然所得的纳税人适用	

五、个人所得税的税收优惠

（一）免税项目

（1）省级人民政府、国务院部委和中国人民解放军以上单位以及外国组织、国际组织颁发的科学、教育、技术、文化、卫生、体育、环境保护等方面的奖金。

（2）国债和国家发行的金融债券利息。国债利息，是指个人持有中华人民共和国财政部发行的债券而取得的利息；国家发行的金融债券利息，是指个人持有经国务院批准发行的金融债券而取得的利息。

（3）按照国务院规定发给的政府特殊津贴、院士津贴以及国务院规定免纳个人所得税的其他补贴、津贴。

（4）福利费、抚恤金、救济金。福利费是指根据国家有关规定，从企业、事业单位、国家机关、社会团体提留的福利费或者从工会经费中支付给困难个人的生活补助费；救济金是指国家民政部门支付给个人的生活困难补助费。

（5）保险赔款。

（6）军人的转业费、复员费、退役金。

（7）按照国家统一规定发给干部、职工的安家费、退职费、基本养老金或者退休费、离休费、离休生活补助费。退职费是指符合《国务院关于工人退休、退职的暂行办法》规定的退职条件，并按该办法规定的退职费标准所领取的退职费。

（8）对达到离休、退休年龄，但确因工作需要，适当延长离休、退休年龄的高级专家,其在延长离休、退休期间的工资薪金所得,视同退休工资、离休工资,免征个人所得税。

(9) 符合条件的见义勇为者的奖金或奖品,经主管税务机关核准,免征个人所得税。

(10) 对外籍个人取得的探亲费免征个人所得税。可以享受免征个人所得税优惠待遇的探亲费,仅限于外籍个人在我国的受雇地与其家庭所在地(包括配偶或父母居住地)之间搭乘交通工具且每年不超过2次的费用。

(11) 企业和个人按照省级以上人民政府规定的比例缴付的住房公积金、医疗保险金、基本养老保险金、失业保险金,允许在个人应纳税所得额中扣除,免予征收个人所得税。超过规定的比例缴付的部分并入个人当期的工资薪金收入,计征个人所得税。

个人领取原提存的住房公积金、医疗保险金、基本养老保险金时,免予征收个人所得税。

对按照国家或省级地方政府规定的比例缴付的住房公积金、医疗保险金、基本养老保险金和失业保险金存入银行个人账户所取得的利息收入,免征个人所得税。

(12) 个人取得的拆迁补偿款按有关规定免征个人所得税。

(13) 储蓄机构内从事代扣代缴工作的办税人员取得的扣缴利息税手续费所得,个人办理代扣代缴税款手续,按规定取得的扣缴手续费,免征个人所得税。

(14) 国务院规定的其他免税所得。该项免税规定,由国务院报全国人民代表大会常务委员会备案。

(二) 减税项目

(1) 残疾、孤老人员和烈属的所得。
(2) 因严重自然灾害造成重大损失的。

上述减税项目的减征幅度和期限由省、自治区、直辖市人民政府规定,并报同级人民代表大会常务委员会备案。

国务院可以规定其他减税情形,并报全国人民代表大会常务委员会备案。

(三) 暂免征税项目

(1) 2019年1月1日至2021年12月31日期间,外籍个人符合居民个人条件的,可以选择享受个人所得税专项附加扣除,也可以选择按照相关规定,享受住房补贴、语言训练费、子女教育费等津补贴免税优惠政策,但不得同时享受。外籍个人一经选择,在一个纳税年度内不得变更。

自 2022 年 1 月 1 日起,外籍个人不再享受住房补贴、语言训练费、子女教育费津补贴免税优惠政策,应按规定享受专项附加扣除。

(2) 个人举报、协查各种违法、犯罪行为而获得的奖金。

(3) 个人转让自用达 5 年以上且是唯一的家庭生活用房取得的所得。

(4) 对个人购买福利彩票、赈灾彩票、体育彩票,一次中奖收入在 1 万元以下的(含 1 万元),暂免征收个人所得税;超过 1 万元的,全额征收个人所得税。

(5) 个人取得单张有奖发票奖金所得不超过 800 元(含 800 元)的,暂免征收个人所得税。

(6) 自 2008 年 10 月 9 日(含)起,对储蓄存款利息所得暂免征收个人所得税。

(7) 自 2015 年 9 月 8 日起,个人从公开发行和转让市场取得的上市公司股票,持股期限超过 1 年的,股息红利所得暂免征收个人所得税。

税收法律、行政法规、部门规章和规范性文件中未明确规定纳税人享受减免税必须经税务机关审批,且纳税人取得的所得完全符合减免税条件的,无须经主管税务机关审核,纳税人可自行享受减免税。

税收法律、行政法规、部门规章和规范性文件中明确规定纳税人享受减免税必须经税务机关审批的,或者纳税人无法准确判断其取得的所得是否应享受个人所得税减免的,必须经主管税务机关按照有关规定审核或批准后,方可减免个人所得税。

第二章 个人所得税的计算

第一节 综合所得应纳税额的计算

因工资薪金所得、劳务报酬所得、稿酬所得、特许权使用费所得具有相同的性质,都是纳税人通过劳动获取的所得,现行个人所得税法首次将这四项所得由原来的分类征税改为综合征税,因此这四项所得也被称为"综合所得"。

值得注意的是,现行个人所得税法只对居民个人取得工资薪金所得、劳务报酬所得、稿酬所得、特许权使用费所得,实行综合征税制,由扣缴义务人在向个人支付所得时预扣预缴税款,居民个人纳税义务人于次年3月1日至6月30日进行年度汇算清缴,税款多退少补。非居民个人取得工资薪金所得、劳务报酬所得、稿酬所得、特许权使用费所得,继续实行分类征税制,按月或者按次分项计算个人所得税,由扣缴义务人在向个人支付所得时代扣代缴税款,无需进行年度汇算清缴。

一、居民个人取得综合所得应纳税额的计算

(一)预扣预缴税款的计算

居民个人从中国境内取得综合所得,首先由扣缴义务人在支付所得时预扣预缴税款。作为扣缴义务履行者的单位会计人员,应关注预扣预缴税款的计算。

1. 工资薪金所得预扣预缴税款的计算

扣缴义务人向居民个人支付工资薪金所得时,应当按照累计预扣法计算预扣税款,并按月办理扣缴申报。

累计预扣法计算预扣税款的步骤如下:

第一步,确定累计预扣预缴应纳税所得额。

累计预扣预缴应纳税所得额 ＝ 累计收入 － 累计免税收入 － 累计减除费用
－ 累计专项扣除 － 累计专项附加扣除
－ 累计依法确定的其他扣除

（1）累计收入，是指居民个人因任职或者受雇从本单位取得的当年截至当前月份的工资薪金、奖金、年终加薪、劳动分红、津贴、补贴以及与任职或者受雇有关的累计收入总额。

（2）累计免税收入，是指居民个人截至当前月份的按国家规定的累计免税收入。

（3）累计减除费用，按照 5 000 元/月乘以纳税人当年截至本月在本单位的任职受雇月份数计算。

（4）累计专项扣除，是指居民个人截至当前月份的按照国家规定的范围和标准缴纳的基本养老保险、基本医疗保险、失业保险等社会保险费和住房公积金（以下简称"三险一金"）等。

（5）累计专项附加扣除，是指居民个人截至当前月份的包括子女教育、继续教育、住房贷款利息或者住房租金、赡养老人等累计支出。特别注意的是，大病医疗支出在年度汇算清缴时扣除。

（6）累计依法确定的其他扣除，是指居民个人截至当前月份的包括个人缴付符合国家规定的企业年金、职业年金，个人购买符合国家规定的商业健康保险、税收递延型商业养老保险的支出，以及国务院规定可以扣除的其他项目。还有一点需要说明的是，若纳税人年度中间更换工作单位，即从一家企业辞职到另一家企业工作，则重新计算收入及扣除额的累计数。

第二步，依据个人所得税预扣率表一（附表1），确定累计预扣预缴应纳税所得额所对应的预扣率和速算扣除数。

第三步，计算本期应预扣预缴税额。

本期应预扣预缴税额 ＝（累计预扣预缴应纳税所得额 × 预扣率 － 速算扣除数）
－ 累计减免税额 － 累计已预扣预缴税额

若本期应预扣预缴税额为负值时，本期不缴税也暂不退税。若纳税年度终了后，余额仍为负值时，由纳税人通过办理综合所得年度汇算清缴，税款多退少补。

【案例 2-1】

王先生 2019 年 1～9 月供职于 A 单位，每月应发工资均为 30 000 元，每月减除费用 5 000 元，"三险一金"等专项扣除为 4 500 元，享受子女教育、赡养老人两项专项附加扣除共计 2 000 元。2019 年 10 月，王先生入职于 B 单位，2019 年 10 月～12 月每月应发工资均为 35 000 元，每月减除费用 5 000 元，"三险一金"等专项扣除为 4 700 元,享受子女教育、赡养老人两项专项附加扣除共计 2 000 元。假设没有免税收入、依法确定的其他扣除及减免税额等情况。

请分别计算 A 单位 2019 年 1～9 月应预扣预缴税额和 B 单位 2019 年 10～12 月应预扣预缴税额。

解析：

A 单位 2019 年 1～9 月应预扣预缴税额如下：

（1）1 月份累计预扣预缴应纳税所得额＝累计收入－累计免税收入－累计减除费用－累计专项扣除－累计专项附加扣除－累计依法确定的其他扣除＝30 000－0－5 000－4 500－2 000－0＝18 500(元)。

依据个人所得税预扣率表一(附表1)，确定预扣率为 3% 和速算扣除数为 0。

1 月份应预扣预缴税额＝(累计预扣预缴应纳税所得额×预扣率－速算扣除数)－累计减免税额－累计已预扣预缴税额＝(18 500×3%－0)－0－0＝555(元)。

（2）2 月份应预扣预缴税额＝累计收入累计免税收入－累计减除费用－累计专项扣除－累计专项附加扣除－累计依法确定的其他扣除＝30 000×2－0－5 000×2－4 500×2－2 000×2－0＝37 000(元)。

依据个人所得税预扣率表一(附表1)，确定预扣率为 10% 和速算扣除数为 2520。

2 月应预扣预缴税额＝(累计预扣预缴应纳税所得额×预扣率－速算扣除数)－累计减免税额－累计已预扣预缴税额＝(37 000×10%－2 520)－0－555＝625(元)。

按以上计算步骤依次计算 2019 年 3～9 月每月预扣预缴税额，计算结果如表 2-1 所示。

表 2-1　A 单位 2019 年 1～9 月预扣预缴税款计算表

所属月份	累计收入	累计免税收入	累计减除费用	累计专项扣除	累计专项附加扣除	应纳税所得额	预扣率(%)	速算扣除数	累计应预扣预缴税额	累计已预扣预缴税额	本期应预扣预缴税额
1月	30 000	0	5 000	4 500	2 000	18 500	3	0	555	0	555
2月	60 000	0	10 000	9 000	4 000	37 000	10	2 520	1 180	555	625
3月	90 000	0	15 000	13 500	6 000	55 500	10	2 520	3 030	1 180	1 850
4月	120 000	0	20 000	18 000	8 000	74 000	10	2 520	4 880	3 030	1 850

续表

所属月份	累计收入	累计免税收入	累计减除费用	累计专项扣除	累计专项附加扣除	应纳税所得额	预扣率(%)	速算扣除数	累计应预扣预缴税额	累计已预扣预缴税额	本期应预扣预缴税额
5月	150 000	0	25 000	22 500	10 000	92 500	10	2 520	6 730	4 880	1 850
6月	180 000	0	30 000	27 000	12 000	111 000	10	2 520	8 580	6 730	1 850
7月	210 000	0	35 000	31 500	14 000	129 500	10	2 520	10 430	8 580	1 850
8月	240 000	0	40 000	36 000	16 000	148 000	20	16 920	12 680	10 430	2 250
9月	270 000	0	45 000	40 500	18 000	166 500	20	16 920	16 380	12 680	3 700

王先生在年度中间更换工作单位,从A单位辞职到B单位工作,收入及扣除额的累计数则需重新计算,B单位2019年10～12月应预扣预缴税额,计算结果如表2-2所示。

表2-2　B单位2019年10～12月预扣预缴税款计算表

所属月份	累计收入	累计免税收入	累计减除费用	累计专项扣除	累计专项附加扣除	应纳税所得额	预扣率(%)	速算扣除数	累计应预扣预缴税额	累计已预扣预缴税额	本期应预扣预缴税额
10月	35 000	0	5 000	4 700	2 000	23 300	3	0	699	0	699
11月	70 000	0	10 000	9 400	4 000	46 600	10	2 520	2 140	699	1 441
12月	105 000	0	15 000	14 100	6 000	69 900	10	2 520	4 470	2 140	2 330

为进一步支持稳就业、保就业、促消费,助力构建新发展格局,自2021年1月1日起,进一步简便优化部分纳税人个人所得税预扣预缴方法。对上一完整纳税年度内每月均在同一单位预扣预缴工资薪金所得个人所得税且全年工资薪金收入不超过6万元的居民个人,扣缴义务人在预扣预缴本年度工资薪金所得个人所得税时,累计减除费用自1月份起直接按照全年6万元计算扣除。即在纳税人累计收入不超过6万元的月份,暂不预扣预缴个人所得税;在其累计收入超过6万元的当月及年内后续月份,再预扣预缴个人所得税。扣缴义务人应当按规定办理全员全额扣缴申报,并在《个人所得税扣缴申报表》相应纳税人的备注栏注明"上年各月均有申报且全年收入不超过6万元"字样。

2. 劳务报酬所得预扣预缴税款的计算

扣缴义务人向居民个人支付劳务报酬所得,按次或者按月预扣预缴个人所得税。劳务报酬所得,属于一次性收入的,以取得该项收入为一次;属于同一项目连续性收入的,以一个月内取得的收入为一次。

具体预扣预缴税款的步骤如下:

第一步,确定预扣预缴应纳税所得额。

(1) 每次收入不超过 4 000 元。

$$应纳税所得额 = 每次收入 - 800$$

(2) 每次收入 4 000 元以上的。

$$应纳税所得额 = 每次收入 \times (1 - 20\%)$$

$$保险营销员、证券经纪人应纳税所得额 = 每次收入 \times (1 - 20\%) \times (1 - 25\%) - 相关税费$$

第二步,依据居民个人劳务报酬所得预扣预缴适用的个人所得税预扣率表二(附表2),确定应纳税所得额所对应的预扣率和速算扣除数。

第三步,计算本期应预扣预缴税额。

$$劳务报酬所得应预扣预缴税额 = 应纳税所得额 \times 预扣率 - 速算扣除数$$

【案例 2-2】

张律师以个人名义向 A 公司提供一项法律咨询服务,2019 年 11 月取得咨询收入 50 000 元,张律师在任职受雇单位已享受专项附加扣除。

请问,A 公司应预扣预缴税款多少?

解析:

法律咨询收入按劳务报酬所得征税。

(1) 张律师取得咨询收入为 50 000 元,大于 4 000 元,按每次收入 $\times (1-20\%)$ 计算应纳税所得额。

$$应纳税所得额 = 50\ 000 \times (1 - 20\%) = 40\ 000(元)$$

(2) 依据个人所得税预扣率表二(附表2),当应纳税所得额为 40 000 时,所对应的预扣率为 30%,速算扣除数为 2 000。

(3) A 公司应预扣预缴税额 = 预扣预缴应纳税所得额 × 预扣率 - 速算扣除数 = 40 000 × 30% - 2 000 = 10 000(元)。

值得注意的是,保险营销员、证券经纪人取得的佣金收入属于劳务报酬所得,以不含增值税的收入减除 20% 的费用后的余额为收入额,收入额减去展业成本以及附加税费后,并入当年综合所得,计算缴纳个人所得税。保险营销员、证券经纪人展业成本按照收入额的 25% 计算。扣缴义务人向保险营销员、证券经纪人支付佣金收入时,应按照《个人所得税扣缴申报管理办法(试行)》(国家税务总局公告 2018 年第 61 号)规定的累计预扣法计算预扣税款。

3. 特许权使用费所得预扣预缴税款的计算

扣缴义务人向居民个人支付特许权使用费所得,按次预扣预缴个人所得税。特许权使用费所得,以某项特许权使用权的一次转让所取得的收入为一次。

具体预扣预缴税款的步骤如下:

第一步,确定特许权使用费预扣预缴应纳税所得额。

(1) 每次收入不超过 4 000 元的。

$$应纳税所得额 = 每次收入 - 800$$

(2) 每次收入 4 000 元以上的。

$$应纳税所得额 = 每次收入 \times (1 - 20\%)$$

第二步,计算本期应预扣预缴税额(特许权使用费所得预扣率为 20%)。

$$特许权使用费所得应预扣预缴税额 = 应纳税所得额 \times 预扣率 20\%$$

【案例 2-3】

李编剧 2019 年 10 月从 B 单位(电视剧的制作单位)取得某电视剧的剧本使用费 20 万元,已知他在任职受雇的 A 单位已享受专项附加扣除。

请问,B 单位在支付剧本使用费时应预扣预缴多少税额?

解析:

剧本使用费按特许权使用费所得预扣预缴税款。

(1) 李编辑一次取得的特许权使用费 20 万元,超过 4 000 元,那么,

$$预扣预缴应纳税所得额 = 200\,000 \times (1 - 20\%) = 160\,000(元)$$

(2) 特许权使用费所得预扣预缴税额 $= 160\,000 \times 20\% = 32\,000(元)$。

4. 稿酬所得预扣预缴税款的计算

扣缴义务人向居民个人支付稿酬所得,按次预扣预缴个人所得税。

稿酬所得以每次出版、发表取得的收入为一次。同一作品再版取得的所得,应视作另一次稿酬所得,计征个人所得税。同一作品先在报刊上连载,然后再出版,或先出版,再在报刊上连载的,应视为两次稿酬所得征税;即连载作为一次,出版作为另一次。同一作品在报刊上连载取得收入的,以连载完成后取得的所有收入合并为一次。同一作品在出版和发表时,以预付稿酬或分次支付稿酬等形式取得的稿酬收入,应合并计算为一次。同一作品出版、发表后,因添加印数而追加稿酬的,应与以前出版、发表时取得的稿酬合并计算为一次。在两处或两处以上出版、发表或再版同一作品而取得稿酬所得,则各处取得的所得或再版所得按分次所得计征个人所得税。

具体预扣预缴税款的步骤如下:

第一步,确定稿酬所得预扣预缴应纳税所得额。

(1) 每次收入不超过 4 000 元。

$$应纳税所得额 = (每次收入 - 800) \times 70\%$$

(2) 每次收入 4 000 元以上。

$$应纳税所得额 = 每次收入 \times (1 - 20\%) \times 70\%$$

第二步,计算本期应预扣预缴税额(稿酬所得预扣率为 20%)。

$$稿酬所得应预扣预缴税额 = 应纳税所得额 \times 预扣率 20\%$$

【案例 2-4】

王先生 2019 年除了先后在 A 单位和 B 单位任职外,还利用空闲时间写了一篇小说,并发表在当地晚报上,从当地晚报社取得稿费收入 3 800 元,王先生在任职受雇的单位已享受专项附加扣除。

请问,当地晚报社在支付稿费时应预扣预缴多少税额?

解析:

(1) 稿酬所得预扣预缴应纳税所得额 = (3 800 - 800) × 70% = 2 100(元)。

(2) 稿酬所得预扣预缴税额 = 2 100 × 20% = 420(元)。

(二) 居民个人取得综合所得汇算清缴税款的计算

年度汇算清缴,是指居民个人将一个纳税年度内取得的工资薪金、劳务报酬、稿酬、特许权使用费等四项所得合并后按年计算全年最终应纳的个人所得税,再减除纳税年度已预缴的税款后,计算应退或者应补税额,并向税务机关办理申报并进行税款结算的行为。

实践中因个人收入、支出情形各异,无论采取何种预扣预缴方法,都很难使所有纳税人平时已预缴税额与年度应纳税额完全一致,此时两者之间就会产生"差额",而这一"差额"需要通过年度汇算来多退少补,以达到相同情况的个人税负水平一致的目标,这也是世界各国的普遍做法。年度汇算清缴可以更加精准、全面落实各项税前扣除和税收优惠政策,更好地保障纳税人的权益。尤其是平时未申报享受的扣除项目以及大病医疗等年度结束才能确定金额的扣除项目,可以通过办理年度汇算清缴补充享受。因此,年度汇算清缴给纳税人"查遗补漏"机会,以确保充分享受改革红利。

居民个人的综合所得,以每一纳税年度的收入额减除费用 6 万元以及专项扣除、专项附加扣除和依法确定的其他扣除后的余额,为应纳税所得额。居民个人综合所得汇算清缴适用个人所得税税率表一(附表 3)。

居民个人综合所得应纳税额计算步骤如下:

第一步,计算综合所得应纳税所得额。

年度综合所得应纳税所得额＝年度综合所得收入额－年度减除费用(6万元)
－年度专项扣除合计－年度专项附加扣除合计
－依法确定的其他扣除合计

值得注意的是,在确定年度综合收入额时,不同综合所得的计算方法不一致。工资薪金所得不扣除任何费用,以未扣除个人负担的"三险一金"的金额也就是通常所说的应发工资为收入额。劳务报酬所得、稿酬所得、特许权使用费所得以收入减除20%的费用后的余额为收入额。稿酬所得的收入额减按70%计算。专项附加扣除中,大病医疗支出只能在年度汇算清缴时扣除。

第二步,依据综合所得个人所得税税率表一(附表3),确定应纳税所得额所对应的适用税率和速算扣除数。

第三步,计算综合所得年度应纳税额。

综合所得年度应纳税额＝综合所得应纳税所得额×适用税率－速算扣除数

第四步,计算综合所得年度应退(补)税额。

综合所得年度应退(补)税额＝综合所得年度应纳税额－累计已预扣预缴税额

如果计算结果为负数,说明预扣预缴的税款高于全年应纳税款,居民个人可以通过办理年度汇算申报以获得退税;如果计算结果为正数,说明预扣预缴的税款少于全年应纳税款,居民个人应当办理年度汇算申报并补缴税款。

【案例 2-5】

接案例2-1和案例2-4。王先生2019年1～9月供职于A单位,每月应发工资均为30 000元,每月减除费用5 000元,"三险一金"等专项扣除为4 500元,每月享受子女教育、赡养老人两项专项附加扣除合计2 000元,A单位2019年1～9月已累计预扣预缴税额16 380元。王先生2019年10月入职于B单位,2019年10月～12月每月应发工资均为35 000元,每月减除费用5 000元,"三险一金"等专项扣除为4 700元,每月享受子女教育、赡养老人两项专项附加扣除合计2 000元。B单位已累计预扣预缴税额4 470元。王先生2019年除了先后在A单位和B单位任职外,还利用空闲时间写了一篇小说,并发表在当地晚报上,从当地晚报社取得稿费收入3 800元,当地晚报社在支付稿费时已预扣预缴税额420元。2019年,其妻子(在家待业)生病,发生的医保目录范围内的自付医药费10万元,由王先生在税前扣除。假设王先生没有免税收入、依法确定的其他扣除及减免税额等情况。

请计算王先生2019年度综合所得汇算清缴时应补(退)税额。

解析：

(1) 计算王先生2019年综合所得应纳税所得额。

① 王先生2019年度的收入额＝270 000＋105 000＋3 800×(1－20%)×70%

=377 128(元);

② 专项扣除合计=40 500+14 100=54 600(元);

《国务院关于印发个人所得税专项附加扣除暂行办法的通知》(国发〔2018〕41号)规定:"在一个纳税年度内,纳税人发生的与基本医保相关的医药费用支出,扣除医保报销后个人负担(指医保目录范围内的自付部分)累计超过15 000元的部分,由纳税人在办理年度汇算清缴时,在80 000元限额内据实扣除。纳税人发生的医药费用支出可以选择由本人或者其配偶扣除。"因此,王先生可以扣除其妻子的大病医疗支出为80 000元。

③ 专项附加扣除合计=18 000+6 000+80 000=104 000(元);

④ 综合所得年度应纳税所得额=每一纳税年度的收入额-年度减除费用-年度专项扣除合计-年度专项附加扣除合计-依法确定的其他扣除合计=377 128-60 000-54 600-104 000=158 528(元)。

(2) 依据综合所得个人所得税税率表一(附表3),确定适用税率为20%和速算扣除数为16 920。

(3) 计算综合所得年度应纳税额。

年度综合所得应纳税额=158 528×20%-16 920=14 785.60(元)

(4) 计算综合所得年度应退(补)税额。

综合所得年度应退(补)税额=年度综合所得应纳税额-累计已预扣预缴税额=14 785.60-(16 380+4 470+420)=-6 484.40(元)。

王先生预扣预缴的税款高于全年应纳税款,因此,在办理年度汇算清缴时,他共获得退税6 484.40元。

为进一步减轻纳税人负担,经国务院批准,如果综合所得年收入不超过12万元,但需要年度汇算补税或者年度汇算补税金额不超过400元,且在取得所得时扣缴义务人已依法预扣预缴了个人所得税,那么纳税人无须办理综合所得年度汇算申报,也无须补缴税款。申请退税是纳税人的权利,如果纳税人多预缴了税款,无论税款多少,纳税人都可以办理年度汇算申报并申请退税;如果纳税人放弃退税,那么也不用办理年度汇算申报。

(三) 居民个人综合所得预扣预缴与汇算清缴计算税款的差异

1. 纳税申报时间不同

预扣预缴环节应当在取得所得的次月15日内向税务机关报送纳税申报表并缴纳税款;而汇算清缴应于次年3月1日至6月30日内进行纳税申报。

2. 不同应税项目收入额计算方法不同

预扣预缴环节除工资薪金所得收入额全额计入收入额外,其他综合所得应税项目收入额为每次收入减除费用后的余额。其中,收入不超过 4 000 元的,费用按 800 元计算;每次收入在 4 000 元以上的,费用按 20% 计算。年度汇算清缴时,除工资薪金所得收入全额计入收入额外,其他综合所得收入额为其收入额减除 20% 的费用后的余额。但稿酬所得的收入额在预扣预缴环节和年度汇算清缴时都减按 70% 计算。

3. 预扣预缴应纳税所得额和汇算清缴应纳税所得额的计算方法不同

预扣预缴应纳税所得额是分项计算的,分别为工资薪金所得、劳务报酬所得、稿酬所得和特许权使用费所得四个不同应税项目;而汇算清缴是按综合所得进行汇总计算。计算工资薪金的预扣预缴应纳税所得额时,扣除专项附加扣除项目中不包括大病医疗,其只能在汇算清缴环节由纳税人自行申报办理扣除。

4. 不同应税项目适用的预扣率、税率不同

预扣预缴时,工资薪金所得适用 3%~45% 的 7 级超额累进预扣率,即个人所得税预扣率表一(附表 1);劳务报酬所得适用 20%、30% 和 40% 的 3 级超额累进预扣率,即个人所得税预扣率表二(附表 2);稿酬所得和特许权使用费所得统一适用 20% 的比例预扣率;年度汇算清缴时,各项综合所得均适用 3%~45% 的 7 级超额累进税率,即个人所得税税率表一(附表 3)。

(四)居民个人取得全年一次性奖金应纳税额的计算

居民个人取得全年一次性奖金,符合《国家税务总局关于调整个人取得全年一次性奖金等计算征收个人所得税方法问题的通知》(国税发〔2005〕9 号)规定的,在 2021 年 12 月 31 日前,可以选择不并入当年综合所得,以全年一次性奖金收入除以 12 个月得到的数额,按照按月换算后的综合所得税率表,即个人所得税税率表二(附表 4),确定适用税率和速算扣除数,单独计算纳税。计算公式为

应纳税额 = 全年一次性奖金收入 × 适用税率 − 速算扣除数

【案例 2-6】

王先生 2019 年 12 月从 B 单位取得全年一次性奖金 48 000 元,请选择单独计算纳税。

请问,B 单位应扣缴多少个人所得税?

解析:

全年一次性奖金收入 48 000 元除以 12 个月得到的数额为 4 000 元,依据个人所得税税率表二(附表 4),确定适用税率为 10% 和速算扣除数 210。

应纳税额 = 48 000 × 10% − 210 = 4 590(元)

值得注意的是,在一个纳税年度内,对每一个纳税人,该计税办法只允许采用一次。雇员取得除全年一次性奖金以外的其他各种名目奖金,如半年奖、季度奖、加班奖、先进奖、考勤奖等,一律与当月工资薪金收入合并,按税法规定缴纳个人所得税。在2021年12月31日前,居民个人取得全年一次性奖金,也可以选择并入当年综合所得计算纳税。自2022年1月1日起,居民个人取得全年一次性奖金,应并入当年综合所得计算缴纳个人所得税。

中央企业负责人薪酬由基薪、绩效薪金和任期奖励构成,其中基薪和绩效薪金的60%在当年度发放,绩效薪金的40%和任期奖励于任期结束后发放。任期内取得绩效薪金的60%,并入工资薪金所得计算个税;任期结束后取得的延期兑现收入(绩效薪金40%部分)和任期奖励,符合《国家税务总局关于中央企业负责人年度绩效薪金延期兑现收入和任期奖励征收个人所得税问题的通知》(国税发〔2007〕118号)规定的,在2021年12月31日前参照居民个人取得全年一次性奖金的计税规定执行;2022年1月1日之后的政策另行明确。

(五)居民个人取得上市公司股权激励应纳税额的计算

居民个人取得股票期权、股票增值权、限制性股票、股权奖励等股权激励(以下简称股权激励),符合《财政部 国家税务总局关于个人股票期权所得征收个人所得税问题的通知》(财税〔2005〕35号)、《财政部 国家税务总局关于股票增值权所得和限制性股票所得征收个人所得税有关问题的通知》(财税〔2009〕5号)、《财政部 国家税务总局关于将国家自主创新示范区有关税收试点政策推广到全国范围实施的通知》(财税〔2015〕116号)第四条、《财政部 国家税务总局关于完善股权激励和技术入股有关所得税政策的通知》(财税〔2016〕101号)第四条第(一)项规定的相关条件的,在2021年12月31日前,不并入当年综合所得,全额单独适用个人所得税税率表一(附表3),计算纳税。计算公式为

$$应纳税额 = 股权激励收入 \times 适用税率 - 速算扣除数$$

【案例2-7】

2019年3月13日,甲公司奖励技术骨干股权激励,公司明确待满一年可以享受5 000股权激励,行权价格为3元/股,市场价格为10元/股。2020年6月15日,李梅取得股权,并按照规定支付价款,当天该股股票市场价格为15元/股,不符合递延纳税条件。

请问,李梅应纳个人所得税多少元?

解析:

$$股权激励收入 = (15 - 3) \times 5\ 000 = 60\ 000(元)$$

依据个人所得税税率表一(附表3),确定适用税率为10%和速算扣除数2 520。

$$应纳税额 = 60\ 000 \times 10\% - 2\ 520 = 3\ 480(元)$$

需要注意的是,居民个人一个纳税年度内取得两次以上(含两次)股权激励的,应合并按以上规定计算纳税。2022年1月1日之后的股权激励政策另行明确。

(六)居民个人领取企业年金、职业年金应纳税额的计算

居民个人达到国家规定的退休年龄,领取的企业年金、职业年金,符合《财政部 国家税务总局 人力资源社会保障部关于企业年金、职业年金个人所得税有关问题的通知》(财税〔2013〕103号)规定的,不并入综合所得,全额单独计算应纳税款。其中按月领取的,适用月度税率表(即个人所得税税率表二,附表4)计算纳税;按季领取的,平均分摊计入各月,按每月领取额适用月度税率表计算纳税;按年领取的,适用综合所得税率表(即个人所得税税率表一,附表3)计算纳税。

个人因出境定居而一次性领取的年金个人账户资金,或个人死亡后,其指定的受益人或法定继承人一次性领取的年金个人账户余额,适用综合所得税率表(即个人所得税税率表一,附表3)计算纳税。对个人除上述特殊原因外一次性领取年金个人账户资金或余额的,适用月度税率表(即个人所得税税率表二,附表4)计算纳税。

【案例2-8】

张先生是一名企业退休高管,2019年他领取企业年金的方式有三种:(1)每月可领取企业年金8 000元;(2)按季度领取,每季度领取24 000元;(3)全年一次性领取96 000元。

请分别计算张先生全年应纳个人所得税。

解析:

(1)每月领取8 000元,依据月度税率表,即个人所得税税率表二(附表4),确定税率为10%,速算扣除数为210。

$$每月应纳税额 = 8\ 000 \times 10\% - 210 = 590(元)$$
$$全年应纳税额 = 590 \times 12 = 7\ 080(元)$$

(2)每季度领取24 000元,平均每月领取8 000元,计算方法同上,全年应纳税额7 080元。

(3)全年一次性领取96 000元,依据综合所得税率表,即个人所得税税率表一(附表3)确定税率为10%,速算扣除数为2520。

$$全年应纳税额 = 96\ 000 \times 10\% - 2\ 520 = 7\ 080(元)$$

通过以上计算,三种方式下全年领取企业年金总额相等,每种方式适用税率和

速算扣除数不同,但全年应纳税额是一致的。

(七) 个人与用人单位解除劳动关系取得一次性补偿收入应纳税额的计算

《关于个人所得税法修改后有关优惠政策衔接问题的通知》(财税〔2018〕164号)第五条第(一)款规定:"个人与用人单位解除劳动关系取得一次性补偿收入(包括用人单位发放的经济补偿金、生活补助费和其他补助费),在当地上年职工平均工资3倍数额以内的部分,免征个人所得税;超过3倍数额的部分,不并入当年综合所得,单独适用综合所得税率表,计算纳税。"

【案例2-9】

2019年9月30日,王先生与A单位解除劳动合同,其在该企业工作年限为10年,共领取经济补偿金150 000元,其所在地区上一年职工平均工资为36 000元。

请问,王先生应缴纳的个人所得税是多少元?

解析:

王先生领取的经济补偿金为150 000元,超过当地上一年职工平均工资3倍的部分为42 000元,依据综合所得税率表,即个人所得税税率表一(附表3),确定税率为10%,速算扣除数为2 520。

$$应纳税额 = 42\,000 \times 10\% - 2\,520 = 1\,680(元)$$

(八) 个人办理提前退休手续而取得的一次性补贴收入应纳税额的计算

《关于个人所得税法修改后有关优惠政策衔接问题的通知》(财税〔2018〕164号)第五条第(二)款规定:"个人办理提前退休手续而取得的一次性补贴收入,应按照办理提前退休手续至法定离退休年龄之间实际年度数平均分摊,确定适用税率和速算扣除数,单独适用综合所得税率表,计算纳税。"计算公式为

应纳税额 =[(一次性补贴收入÷办理提前退休手续至法定退休年龄的实际年度数
　　－费用扣除标准)×适用税率－速算扣除数]
　　×办理提前退休手续至法定退休年龄的实际年度数

【案例2-10】

因健康原因,张先生于2019年3月办理了提前退休手续(至法定退休年龄尚有5年),取得单位按照统一标准支付的一次性补贴600 000元。

请问,张先生一次性补贴应缴纳的个人所得税是多少元?

解析:

张先生离正式退休年龄还有 5 年,一次性补贴 600 000 元按 5 年平均额为 120 000 元,每年可以扣除基本减除费用 60 000 元,则每年应纳税所得额为 60 000 元,依据综合所得税率表,个人所得税税率表一(附表 3),确定税率为 10%,速算扣除数为 2 520。

应纳税额 = [(600 000 ÷ 5 − 60 000) × 10% − 2 520] × 5 = 17 400(元)

(九) 个人办理内部退养手续而取得的一次性补贴收入应纳税额的计算

《关于个人所得税法修改后有关优惠政策衔接问题的通知》(财税〔2018〕164号)第五条第(三)款规定:"个人办理内部退养手续而取得的一次性补贴收入,按照《国家税务总局关于个人所得税有关政策问题的通知》(国税发〔1999〕58号)规定计算纳税。"

《国家税务总局关于个人所得税有关政策问题的通知》(国税发〔1999〕58号)第一条规定:"实行内部退养的个人在其办理内部退养手续后至法定离退休年龄之间从原任职单位取得的工资薪金,不属于离退休工资,应按'工资薪金所得'项目计征个人所得税。个人在办理内部退养手续后从原任职单位取得的一次性收入,应按办理内部退养手续后至法定离退休年龄之间的所属月份进行平均,并与领取当月的'工资薪金'所得合并后减除当月费用扣除标准,以余额为基数确定适用税率,再将当月工资薪金加上取得的一次性收入,减去费用扣除标准,按适用税率计征个人所得税。"

国税发〔1999〕58号文的规定是此次个人所得税修正前的,工资薪金所得按分类征税制计算应纳税额的,按月计算应纳税额,不进行年度汇算清缴。2019年1月1日以后工资薪金所得由分类征税制改为综合征税制,纳税人取得工资薪金所得实行累计预扣预缴办法,年终汇算清缴。很显然,2019年1月1日以后工资薪金所得在实行综合征税的情况下,个人办理内部退养手续而取得的一次性补贴收入根本无法用国税发〔1999〕58号文的规定来计算应纳税额的。也就是说,财税〔2018〕164号文对个人办理内部退养手续而取得的一次性补贴收入的政策规定存在严重问题,因此,笔者建议财政部、国家税务总局应尽快着手研究与完善相关政策。

(十) 个人低价购买单位售房少支出差价应纳税额的计算

《关于个人所得税法修改后有关优惠政策衔接问题的通知》(财税〔2018〕164号)第六条规定:"单位按低于购置或建造成本价格出售住房给职工,职工因此而少支出的差价部分,符合《财政部 国家税务总局关于单位低价向职工售房有关个人所得税问题的通知》(财税〔2007〕13号)第二条规定的,不并入当年综合所得,以差价收入除以12个月得到的数额,按照月度税率表确定适用税率和速算扣除数,单独计算纳税。"计算公式为

应纳税额＝职工实际支付的购房价款低于该房屋的购置或建造成本价格的差额
　　　　　×适用税率－速算扣除数

【案例2-11】

王先生任职于某房地产开发公司,因对公司贡献大,为奖励王先生,2019年公司将建造成本为150万元的一套住房以120万元的低价出售给他。

请问,王先生应纳的个人所得税是多少元?

解析:

王先生低价购买单位售房少支出差价30万元,除以12个月得到的数额为25 000元,按照月度税率表,即个人所得税税率表二(附表4),确定适用税率为10%和速算扣除数210。

应纳税额 = 300 000 × 10% - 210 = 29 790(元)

二、非居民个人取得综合所得应纳税额的计算

非居民个人在我国境内取得工资薪金所得、劳务报酬所得、特许权所得和稿酬所得,实行分类征税制。对非居民个人来说,这四项所得并不是严格意义上的"综合所得"。非居民个人在我国境内取得这四项所得,按月或按次分项计算个人所得税。有扣缴义务人的,由扣缴义务人按月或按次代扣代缴税款;没有扣缴义务人的,非居民个人应于次月15日内自行申报纳税。非居民个人在我国境内取得这四项所得,不用办理汇算清缴。

(一)非居民个人取得工资薪金所得应纳税额的计算

《财政部 税务总局关于非居民个人和无住所居民个人有关个人所得税政策的公告》(财政部 税务总局公告2019年第35号)第一条规定:"个人取得归属于中国境内工作期间的工资薪金所得为来源于境内的工资薪金所得。境内工作期间按照个人在境内工作天数计算,包括其在境内的实际工作日以及境内工作期间在境内、境外享受的公休假、个人休假、接受培训的天数。在境内、境外单位同时担任职务或者仅在境外单位任职的个人,在境内停留的当天不足24小时的,按照半天计算境内工作天数。无住所个人在境内、境外单位同时担任职务或者仅在境外单位任职,且当期同时在境内、境外工作的,按照工资薪金所属境内、境外工作天数占当期

公历天数的比例计算确定来源于境内、境外工资薪金所得的收入额。境外工作天数按照当期公历天数减去当期境内工作天数计算。"

在一个纳税年度内,在境内累计居住不超过 90 天的非居民个人,仅就归属于境内工作期间并由境内雇主支付或者负担的工资薪金所得计算缴纳个人所得税。当月工资薪金收入额的计算公式如下:

当月工资薪金收入额＝当月境内外工资薪金总额
　　　　　　　　　×(当月工资薪金所属工作期间境内工作天数
　　　　　　　　　÷当月工资薪金所属工作期间公历天数)
　　　　　　　　　×(当月境内支付工资薪金数额
　　　　　　　　　÷当月境内外工资薪金总额)

在一个纳税年度内,在境内累计居住超过 90 天但不满 183 天的非居民个人,取得归属于境内工作期间的工资薪金所得,均应当计算缴纳个人所得税;其取得归属于境外工作期间的工资薪金所得,不征收个人所得税。当月工资薪金收入额的计算公式如下:

当月工资薪金收入额＝当月境内外工资薪金总额
　　　　　　　　　×(当月工资薪金所属工作期间境内工作天数
　　　　　　　　　÷当月工资薪金所属工作期间公历天数)

非居民个人取得工资薪金所得,按月计算个人所得税,以每月收入额减除费用 5 000 元后的余额为应纳税所得额。

非居民个人取得工资薪金所得,适用月度税率表,即个人所得税税率表二(附表 4)。

具体应纳税款的计算步骤如下:

第一步,确定应纳税所得额。

非居民个人工资薪金所得应纳税所得额＝月工资收入额－费用 5 000 元

第二步,依据月度税率表,确定应纳税所得额所对应的税率和速算扣除数。

第三步,计算非居民个人应纳税额。

　　　　非居民个人应纳税额＝应纳税所得额×税率－速算扣除数

【案例 2-12】

韩国专家金某被国外雇主派往我国某外商投资企业工作。2019 年,金某在我国境内累计居住 50 天,12 月,在我国境内工作 12 天。金某取得由我国境内企业发放的工资 10 万元,境外雇主支付工资 15 万元。

请计算金某 12 月在我国应缴纳的个人所得税。

解析:

(1) 金某属于在境内累计居住不超过90天的非居民个人,仅就归属于境内工作期间并由境内雇主支付的工资薪金所得计算缴纳个人所得税。当月工资薪金收入额的计算公式如下:

当月工资薪金收入额 = (100 000 + 150 000) × (100 000 ÷ 250 000) × (12 ÷ 31)
= 38 710(元)

(2) 计算金某工资薪金应纳所得税额。

工资薪金应纳税所得额 = 38 710 − 5 000 = 33 710(元)

(3) 依据月度税率表,即个人所得税税率表二(附表4),确定适用税率为25%和速算扣除数为2 660。

(4) 金某工资薪金所得应纳税额 = 33 710 × 25% − 2 660 = 5 767.50(元)。

(二) 非居民个人一个月内取得数月奖金应纳税额的计算

非居民个人一个月内取得数月奖金,单独按照"财政部 税务总局公告2019年第35号"文第二条规定计算当月收入额,不与当月其他工资薪金合并,按6个月分摊计税,不减除费用,适用月度税率表按月计算应纳税额,计算公式如下:

当月数月奖金应纳税额 = [(数月奖金收入额 ÷ 6) × 适用税率 − 速算扣除数] × 6

"财政部 税务总局公告2019年第35号"文第二条规定:"在一个纳税年度内,在境内累计居住不超过90天的非居民个人,仅就归属于境内工作期间并由境内雇主支付或者负担的数月奖金计算缴纳个人所得税。在一个纳税年度内,在境内累计居住超过90天但不满183天的非居民个人,取得归属于境内工作期间的数月奖金所得,均应当计算缴纳个人所得税;其取得归属于境外工作期间的数月奖金所得,不征收个人所得税。"

【案例2-13】

麦克先生为无住所个人,2019年在我国境内居住天数为150天,2019年12月,麦克先生取得归属于我国境内工作期间的数月奖金收入为5万元,其中境内雇主支付2万元,境外雇主支付3万元。

请计算,麦克先生12月份取得数月奖金应纳个人所得税(不考虑税收协定因素)。

解析:

麦克属于在境内累计居住超过90天不满183天的非居民个人,仅就归属于境内工作期间数月奖金计算缴纳个人所得税。

麦克数月奖金收入50 000元,按6个月平均额为8 333.33元,依据月度税率表,即个人所得税税率表二(附表4),适用税率为10%,速算扣除数为210。

麦克先生应纳税额＝[(50 000÷6)×10％－210]×6
　　　　　　　　＝3 740(元)

值得注意的是,数月奖金是指一次取得归属于数月的奖金、年终加薪、分红等工资薪金所得,不包括每月固定发放的奖金及一次性发放的数月工资。在一个公历年度内,对每一个非居民个人,该计税办法只允许适用一次。

(三)非居民个人一个月内取得股权激励所得应纳税额的计算

非居民个人一个月内取得股权激励所得,单独按照"财政部 税务总局公告2019年第35号"文第二条规定计算当月收入额,不与当月其他工资薪金合并,按6个月分摊计税(一个公历年度内的股权激励所得应合并计算),不减除费用,适用月度税率表,即个人所得税税率表二(附表4),计算应纳税额。需要注意的是,非居民个人一个纳税年度内取得两次以上(含两次)股权激励的,应合并按以上规定计算纳税。计算公式如下:

当月股权激励所得应纳税额＝[(本公历年度内股权激励所得合计额÷6)
　　　　　　　　　　　　　×适用税率－速算扣除数]×6
　　　　　　　　　　　　　－本公历年度内股权激励所得已纳税额

【案例2-14】

杰克先生为无住所个人,2019年在我国境内居住天数不满90天,2019年8月,杰克先生取得境内支付的股权激励所得42万元,其中归属于境内工作期间的所得为15万元;2019年12月,取得境内支付的股权激励所得50万元,其中归属于境内工作期间的所得为21万元。

请分析,杰克先生在境内股权激励所得的纳税情况。(不考虑税收协定因素)

解析:

杰克属于在境内累计居住不超过90天的非居民个人,仅就归属于境内工作期间并由境内雇主支付的股权激励所得计算缴纳个人所得税。

2019年8月,杰克先生应纳税额＝[(150 000÷6)×20％－1 410]×6＝21 540(元)。

2019年12月,杰克先生应纳税额＝[(150 000＋210 000)÷6×35％－7 160]×6－21 540＝61 500(元)。

值得注意的是,股权激励包括股票期权、股权期权、限制性股票、股票增值权、股权奖励以及其他因认购股票等有价证券而从雇主取得的折扣或者补贴。在一个纳税年度内,在境内累计居住超过90天但不满183天的非居民个人,取得归属于境内工作期间的股权激励所得,不论境内雇主支付还是境外雇主支付的,均应当计算缴纳个人所得税；其取得归属于境外工作期间的工资薪金所得，不征收个人所得税。

（四）非居民个人取得劳务报酬所得应纳税额的计算

非居民个人取得劳务报酬所得，按次计算个人所得税，即劳务报酬所得以收入减除20%的费用后的余额为收入额，以每次收入额为应纳税所得额。

非居民个人取得劳务报酬所得，适用月度税率表，即个人所得税税率表二（附表4）。

非居民个人劳务报酬所得应纳所得税额 = 每次收入额 × (1 − 20%)

× 适用税率 − 速算扣除数

【案例 2-15】

杰克先生2019年度是我国非居民个人，11月他应邀来中国境内某大学进行讲学，取得劳务报酬8万元。

请计算，杰克先生劳务报酬所得应纳个人所得税。

解析：

（1）劳务报酬所得应纳税所得额 = 每次收入额 × (1 − 20%) = 80 000 × (1 − 20%) = 64 000（元）。

（2）依据月度税率表（附表4），确定适用税率为35%，速算扣除数为7 160。

（3）劳务报酬所得应纳所得税额 = 64 000 × 35% − 7 160 = 15 240（元）。

（五）非居民个人取得稿酬所得应纳税额的计算

非居民个人取得稿酬所得，按次计算个人所得税。稿酬所得以收入减除20%的费用后的余额为收入额。稿酬所得的收入额减按70%计算。稿酬以每次收入额为应纳税所得额。

非居民个人取得稿酬所得，适用月度税率表，即个人所得税税率表二（附表4）。

非居民个人稿酬所得应纳所得税额 = 每次收入额 × (1 − 20%) × 70%

× 适用税率 − 速算扣除数

【案例 2-16】

杰克先生2019年度是我国非居民个人，8月他写的小说在我国境内某出版社出版，取得稿酬收入10万元。

请计算，杰克先生稿酬所得应纳的个人所得税。

解析：

（1）稿酬所得应纳税所得额 = 每次收入额 × (1 − 20%) × 70% = 100 000 × (1 − 20%) × 70% = 56 000（元）。

(2) 依据月度税率表(附表4),确定适用税率为35%,速算扣除数为7 160。

(3) 稿酬所得应纳所得税额＝56 000×35%－7 160＝12 440(元)。

(六) 非居民个人取得特许权使用费所得应纳税额的计算

非居民个人取得特许权使用费所得,按次计算个人所得税,即特许权使用费所得以收入减除20%的费用后的余额为收入额,以每次收入额为应纳税所得额。

非居民个人取得特许权使用费所得,适用月度税率表,即个人所得税税率表二(附表4)。

非居民个人特许权使用费所得应纳所得税额 ＝每次收入额×(1－20%)

×适用税率－速算扣除数

【案例 2-17】

杰克先生2019年度是我国非居民个人,10月他写的一部电视剧剧本使用权转让给中国境内某影视公司,取得剧本使用费50万元。

请计算,杰克先生剧本使用费所得应纳个人所得税。

解析:

(1) 剧本使用费所得应纳税所得额＝每次收入额×(1－20%)＝500 000×(1－20%)＝400 000(元)。

(2) 依据月度税率表(附表4),确定适用税率为45%,速算扣除数为15 160。

(3) 稿酬所得应纳所得税额＝400 000×45%－15 160＝164 840(元)。

三、居民个人与非居民个人综合所得计算税款的差异

(一) 实行征税模式不同

居民个人取得综合所得,实行综合征税制,按月或按次预扣预缴税款,次年3月1日至6月30日进行年度汇算清缴。非居民个人取得工资薪金所得、劳务报酬所得、特许权使用费所得、稿酬所得,实行分类征税制,按月或按次计算税款,于取得所得的次月15日内申报纳税,不需要进行年终汇算清缴。

(二) 应纳税所得额计算方法不同

居民个人预扣预缴时应纳税所得额是分项计算的,汇算清缴时应纳税所得额是按综合所得进行汇总计算,年综合所得收入额要减去全年基本费用6万元,再减去专项扣除、专项附加扣除和其他依法准予的扣除;非居民个人应纳税所得额是分项计算的,分为工资薪金所得、劳务报酬所得、稿酬所得和特许权使用费所得四个

不同应税项目,工资薪金所得以每月收入减除基本费用 5 000 元,不进行专项扣除和专项附加扣除。

(三) 适用的预扣率/税率不同

居民个人取得综合所得预扣预缴时,工资薪金所得适用 3%～45% 的 7 级超额累进预扣率,即个人所得税税预扣率表一(附表 1),劳务报酬所得适用 20%、30% 和 40% 的三级超额累进预扣率,即个人所得税税预扣率表二(附表 2),稿酬所得和特许权使用费所得统一适用 20% 的比例预扣率;年度汇算清缴时,各项综合所得均适用 3%～45% 的 7 级超额累进税率,即个人所得税税率表一(附表 3)。非居民个人按月取得工资薪金所得、劳务报酬所得、稿酬所得和特许权使用费所得,适用按月折算的月度所得税率,即个人所得税税率表二(附表 4)。

居民个人与非居民个人综合所得计算税款的差异,如表 2-3 所示。

表 2-3 居民个人与非居民个人综合所得计算税款的差异

所得项目	居民个人				非居民个人	
	预扣预缴环节		汇算清缴环节		代扣代缴环节	
	应纳税所得额	预扣率	应纳税所得额	税率	应纳税所得额	税率
工资薪金所得	累计收入－累计免税收入－累计减除费用－累计专项扣除－累计专项附加扣除－累计其他扣除	7 级超额累进预扣率(附表 1)	年度综合所得收入额－年度减除费用(6 万元)－年度专项扣除合计－年度专项附加扣除合计－依法确定的其他扣除合计 提示:劳务报酬、特许权使用费、稿酬以每次收入减 20% 费用为收入额,稿酬在此基础上再减,按 70% 作为收入额	7 级超额累进税率(附表 3)	月收入减 5 000 元	按月折算 3%～45% 7 级超额累进税率(附表 4)
劳务报酬所得	每次收入不足 4 000 元的,减 800 元费用;每次收入高于 4 000 元的,减 20% 费用为收入额 提示:稿酬在此基础上再减,按 70% 作为收入额	3 级超额累进预扣率(附表 2)			每次收入减 20% 费用为收入额 提示:稿酬再减,按 70% 计算	
特许权使用费所得		20%				
稿酬所得						

第二节 经营所得应纳税额的计算

经营所得的纳税人包括个体工商户业主、个人独资企业投资人、合伙企业个人合伙人、承包承租经营者个人以及其他从事生产、经营活动的个人。

根据纳税人的会计核算健全程度,经营所得个人所得税的征收有两种方式:查账征收和核定征收。

一、查账征收方式应纳税额的计算

(一) 查账征收方式的适用范围

查账征收适用于会计核算体系健全、能正确计算盈亏、依法办理纳税申报的取得经营所得的纳税人。纳税人取得经营所得,按年计算个人所得税,由纳税人在月度或者季度终了后15日内向税务机关报送纳税申报表,并预缴税款;在取得所得的次年3月31日前办理汇算清缴。

(二) 应纳税所得额的确定

《个人所得税法》第六条第一款第三项规定:"经营所得,以每一纳税年度的收入总额减除成本、费用以及损失后的余额,为应纳税所得额。"

1. 收入总额的规定

《个人所得税法实施条例》没有对收入总额做出明确规定。《个体工商户个人所得税计税办法》(国家税务总局令第35号)和《关于个人独资企业和合伙企业投资者征收个人所得税的规定》(财税〔2000〕91号)均对应纳税所得额和收入总额有明确规定。

《个体工商户个人所得税计税办法》(国家税务总局令第35号)规定:"个体工商户的生产、经营所得,以每一纳税年度的收入总额,减除成本、费用、税金、损失、其他支出以及允许弥补的以前年度亏损后的余额,为应纳税所得额。"收入总额,是指个体工商户从事生产经营以及与生产经营有关的活动取得的货币形式和非货币形式的各项收入,包括销售货物收入、提供劳务收入、转让财产收入、利息收入、租金收入、接受捐赠收入、其他收入。其中,其他收入包括个体工商户资产溢余收入、逾期一年以上的未退包装物押金收入、确实无法偿付的应付款项、已作坏账损失处理后又收回的应收款项、债务重组收入、补贴收入、违约金收入、汇兑收益等。

《关于个人独资企业和合伙企业投资者征收个人所得税的规定》(财税〔2000〕91号)规定:"个人独资企业和合伙企业每一纳税年度的收入总额减除成本、费用以及损失后的余额,作为投资者个人的生产经营所得,比照个人所得税法的'个体工商户的生产经营所得'应税项目,适用5%～35%的5级超额累进税率,计算征收个人所得税。"所称收入总额,是指企业从事生产经营以及与生产经营有关的活动所取得的各项收入,包括商品(产品)销售收入、营运收入、劳务服务收入、工程价款收入、财产出租或转让收入、利息收入、其他业务收入和营业外收入。

2. 成本、费用、损失的规定

《个人所得税法实施条例》规定:"个人所得税法第六条第一款第三项所称成本、费用,是指生产、经营活动中发生的各项直接支出和分配计入成本的间接费用以及销售费用、管理费用、财务费用;所称损失,是指生产、经营活动中发生的固定资产和存货的盘亏、毁损、报废损失,转让财产损失,坏账损失,自然灾害等不可抗力因素造成的损失以及其他损失。取得经营所得的个人,没有综合所得的,计算其每一纳税年度的应纳税所得额时,应当减除费用6万元、专项扣除、专项附加扣除以及依法确定的其他扣除。专项附加扣除在办理汇算清缴时减除。"

《个体工商户个人所得税计税办法》(国家税务总局令第35号)规定,成本是指个体工商户在生产经营活动中发生的销售成本、销货成本、业务支出以及其他耗费;费用是指个体工商户在生产经营活动中发生的销售费用、管理费用和财务费用,已经计入成本的有关费用除外;税金是指个体工商户在生产经营活动中发生的除个人所得税和允许抵扣的增值税以外的各项税金及其附加;损失是指个体工商户在生产经营活动中发生的固定资产和存货的盘亏、毁损、报废损失,转让财产损失,坏账损失,自然灾害等不可抗力因素造成的损失以及其他损失。

个体工商户发生的损失,减除责任人赔偿和保险赔款后的余额,参照财政部、国家税务总局有关企业资产损失税前扣除的规定扣除。个体工商户已经作为损失处理的资产,在以后纳税年度又全部收回或者部分收回时,应当计入收回当期的收入。其他支出是指除成本、费用、税金、损失外,个体工商户在生产经营活动中发生的与生产经营活动有关的、合理的支出。

个体工商户下列支出不得扣除:① 个人所得税税款;② 税收滞纳金;③ 罚金、罚款和被没收财物的损失;④ 不符合扣除规定的捐赠支出;⑤ 赞助支出;⑥ 用于个人和家庭的支出;⑦ 与取得生产经营收入无关的其他支出;⑧ 国家税务总局规定不准扣除的支出。

个体工商户税前准予扣除的项目及扣除标准规定如下：

(1) 从业人员工资薪金支出。

个体工商户实际支付给从业人员的、合理的工资薪金支出，准予扣除。个体工商户业主的工资薪金支出不得税前扣除。

(2) 社会保险费与住房公积金。

个体工商户按照国务院有关主管部门或者省级人民政府规定的范围和标准为其业主和从业人员缴纳的基本养老保险费、基本医疗保险费、失业保险费、生育保险费、工伤保险费和住房公积金，准予扣除。个体工商户为从业人员缴纳的补充养老保险费、补充医疗保险费，分别在不超过从业人员工资总额5%标准内的部分据实扣除；超过部分，不得扣除。个体工商户业主本人缴纳的补充养老保险费、补充医疗保险费，以当地(地级市)上年度社会平均工资的3倍为计算基数，分别在不超过该计算基数5%标准内的部分据实扣除；超过部分，不得扣除。

(3) 商业保险费。

除个体工商户依照国家有关规定为特殊工种从业人员支付的人身安全保险费和财政部 国家税务总局规定可以扣除的其他商业保险费外，个体工商户业主本人或者为从业人员支付的商业保险费，不得扣除。个体工商户参加财产保险，按照规定缴纳的保险费，准予扣除。

(4) 借款费用与利息支出。

个体工商户在生产经营活动中发生的合理的不需要资本化的借款费用，准予扣除。个体工商户为购置、建造固定资产、无形资产和经过12个月以上的建造才能达到预定可销售状态的存货发生借款的，在有关资产购置、建造期间发生的合理的借款费用，应当作为资本性支出计入有关资产的成本，并依照本办法的规定扣除。

个体工商户在生产经营活动中发生的下列利息支出，准予扣除：① 向金融企业借款的利息支出；② 向非金融企业和个人借款的利息支出，不超过按照金融企业同期同类贷款利率计算的数额的部分。

(5) 汇兑损失。

个体工商户在货币交易中，以及纳税年度终了时将人民币以外的货币性资产、负债按照期末即期人民币汇率中间价折算为人民币时产生的汇兑损失，除已经计入有关资产成本部分外，准予扣除。

(6) 工会经费、职工福利费、职工教育经费。

个体工商户向当地工会组织拨缴的工会经费、实际发生的职工福利费支出、职工教育经费支出分别在工资薪金总额的2%、14%、2.5%的标准内据实扣除。职工教育经费的实际发生数额超出规定比例当期不能扣除的数额,准予在以后纳税年度结转扣除。个体工商户业主本人向当地工会组织缴纳的工会经费、实际发生的职工福利费支出、职工教育经费支出,以当地(地级市)上年度社会平均工资的3倍为计算基数,在2%的标准内据实扣除。

(7) 业务招待费。

个体工商户发生的与生产经营活动有关的业务招待费,按照实际发生额的60%扣除,但最高不得超过当年销售(营业)收入的5‰。业主自申请营业执照之日起至开始生产经营之日止所发生的业务招待费,按照实际发生额的60%计入个体工商户的开办费。

(8) 广告费和业务宣传费。

个体工商户每一纳税年度发生的与其生产经营活动直接相关的广告费和业务宣传费不超过当年销售(营业)收入15%的部分,可以据实扣除;超过部分,准予在以后纳税年度结转扣除。

(9) 捐赠支出。

个体工商户通过公益性社会团体或者县级以上人民政府及其部门,用于《中华人民共和国公益事业捐赠法》规定的公益事业的捐赠,捐赠额不超过其应纳税所得额30%的部分可以据实扣除。个体工商户直接对受益人的捐赠不得扣除。

(10) 开办费。

个体工商户自申请营业执照之日起至开始生产经营之日止所发生的开办费用,个体工商户可以选择在开始生产经营的当年一次性扣除,也可自生产经营月份起在不短于3年期限内摊销扣除,但一经选定,不得改变。

(11) 研究开发费。

个体工商户研究开发新产品、新技术、新工艺所发生的开发费用,以及研究开发新产品、新技术而购置单台价值在10万元以下的测试仪器和试验性装置的购置费准予直接扣除;单台价值在10万元以上(含10万元)的测试仪器和试验性装置,按固定资产管理,不得在当期直接扣除。

(12) 固定资产租赁费。

个体工商户根据生产经营活动的需要租入固定资产支付的租赁费,按照以下方法扣除:① 以经营租赁方式租入固定资产发生的租赁费支出,按照租赁期限均匀扣除;② 以融资租赁方式租入固定资产发生的租赁费支出,按照规定构成融资租入固定资产价值的部分应当提取折旧费用,分期扣除。

(13) 个体工商户按照规定缴纳的摊位费、行政性收费、协会会费等,按实际发生数额扣除。

(14) 个体工商户发生的合理的劳动保护支出,准予扣除。

(15) 个体工商户生产经营活动中,应当分别核算生产经营费用和个人、家庭费用。对于生产经营与个人、家庭生活混用难以分清的费用,其40%视为与生产经营有关费用,准予扣除。

(16) 个体工商户纳税年度发生的亏损,准予向以后年度结转,用以后年度的生产经营所得弥补,但结转年限最长不得超过5年。

《关于个人独资企业和合伙企业投资者征收个人所得税的规定》(财税〔2000〕91号)规定:"凡实行查账征税办法的,个人独资企业和合伙企业生产经营所得比照《个体工商户个人所得税计税办法(试行)》的规定确定。"

个人独资企业的投资者以全部生产经营所得为应纳税所得额;合伙企业的投资者按照合伙企业的全部生产经营所得和合伙协议约定的分配比例确定应纳税所得额,合伙协议没有约定分配比例的,以全部生产经营所得和合伙人数量平均计算每个投资者的应纳税所得额。

(三) 经营所得适用税率

经营所得,适用5%~35%的超额累进税率,即个人所得税税率表三(附表5)。

(四) 按月/季预缴税额的计算

纳税人取得经营所得,按年计算个人所得税,由纳税人在月度或者季度终了后十五日内向税务机关报送纳税申报表,并预缴税款;投资者兴办两个或两个以上企业的,应分别向企业实际经营管理所在地主管税务机关预缴税款。

查账征收预缴税款有两种计算方法:按上年应纳税所得额预缴和据实预缴。

1. 按上年应纳税所得额预缴税款的计算

第一步,计算本年累计应纳税所得额。

本年累计应纳税所得额 = 上年应纳税所得额 ÷ 12 × 月份数

第二步,根据经营所得的适用税率表,即个人所得税税率表三(附表5),查找适用税率和速算扣除数。

第三步,计算本期预缴税额。

本期预缴税额 = (本年累计应纳税所得额 × 适用税率 − 速算扣除数)
− 减免税额 − 本年已缴税额

【案例2-18】

张先生是位个体工商户,2018年应纳税所得额为12万元,按季度预缴个人所得税,2019年第一季度已预缴税额1 500元。

请计算,2019 年赵先生第二季度应预缴个人所得税。

解析:

(1) 张先生本年累计应纳税所得额 = 120 000 ÷ 12 × 6 = 60 000(元)。

(2) 根据经营所得的适用税率表(附表 5),查找适用税率为 10% 和速算扣除数为 1 500。

(3) 张先生第二季度应预缴税额 = 60 000 × 10% − 1 500 − 1 500 = 3 000(元)。

2. 据实预缴税额的计算

第一步,计算本年开始经营月份起截至本期从事经营以及与经营有关的活动取得的本年累计实际应纳税所得额。

本年累计实际应纳税所得额 =(收入总额 − 成本费用 − 弥补以前年度亏损)
　　　　　　　　　　　　　× 合伙企业个人合伙人分配比例 − 投资者减除费用
　　　　　　　　　　　　　− 专项扣除 − 依法确定的其他扣除

其他纳税人应纳税所得额的计算公式为

本年累计实际应纳税所得额 = 收入总额 − 成本费用 − 弥补以前年度亏损
　　　　　　　　　　　　　− 投资者减除费用 − 专项扣除
　　　　　　　　　　　　　− 依法确定的其他扣除

收入总额,是指本年度开始经营月份起截至本期从事经营以及与经营有关的活动取得的货币形式和非货币形式的各项收入总金额。成本费用,是指本年度开始经营月份起截至本期实际发生的成本、费用、税金、损失及其他支出的总额。合伙企业个人合伙人分配比例,按照合伙协议约定的比例填写;合伙协议未约定或不明确的,按合伙人协商决定的比例填写;协商不成的,按合伙人实缴出资比例填写;无法确定出资比例的,按合伙人平均分配。投资者减除费用,是指本年实际经营月份数计算的可在税前扣除的投资者本人每月 5 000 元减除费用的合计金额。专项扣除,是指投资者本人允许扣除的基本养老保险费、基本医疗保险费、失业保险费、住房公积金的金额。依法确定的其他扣除,是指投资者本人商业健康保险、税延养老保险以及其他按规定允许扣除项目的金额。其中,税延养老保险可在申报第四季度或 12 月份税款时填报扣除。

第二步,根据经营所得的适用税率表,即个人所得税税率表三(附表 5),查找适用税率和速算扣除数。

第三步,计算本期预缴税额。

本期预缴税额 =(本年累计实际应纳税所得额 × 适用税率 − 速算扣除数)
　　　　　　　− 减免税额 − 本年已缴税额

【案例 2-19】

张先生和王先生一起投资了一个合伙企业,合伙协议约定张先生占70％,王先生占30％,该合伙企业2019年1~6月收入总额50万元,成本费用总额20万元,以前年度无亏损。张先生1~6月发生符合规定的"三险一金"共9 000元,王先生1~6月发生符合规定的"三险一金"8 000元,两人均无依法确定的其他扣除和减免税额。张先生第一季度已预缴税款10 000元,王先生第一季度已预缴税款1 800元。

请计算,张先生和王先生第二季度应预缴的个人所得税。

解析:

计算张先生第二季度预缴税额:

(1) 张先生本年累计实际应纳税所得额=(500 000-200 000)×70％-5 000×6-9 000=171 000(元)。

(2) 根据经营所得的适用税率表(附表5),查找适用税率为20％和速算扣除数为10 500。

(3) 张先生第二季度应预缴税额=171 000×20％-10 500-10 000=13 700(元)。

计算王先生第二季度预缴税额:

(1) 王先生本年累计实际应纳税所得额=(500 000-200 000)×30％-5 000×6-8 000=52 000(元)。

(2) 根据经营所得的适用税率表(附表5),查找适用税率为10％和速算扣除数为1 500。

(3) 王先生第二季度应预缴税额=52 000×10％-1 500-1 800=1 900(元)。

(五) 汇算清缴应纳税额的计算

纳税人取得经营所得,按年计算个人所得税,由纳税人在月度或者季度终了后15日内向税务机关报送纳税申报表,并预缴税款;在取得所得的次年3月31日前办理汇算清缴。

1. 纳税人只从一处取得经营所得,汇算清缴应纳税额的计算

第一步,计算全年利润总额。

全年利润总额=全年收入总额-全年成本费用

第二步,计算全年纳税调整后所得额。

全年纳税调整后所得额=全年利润总额+纳税调整增加额-纳税调整减少额

纳税调整增加额包括超过规定标准的扣除项目金额和不允许扣除的项目金额。超过规定标准的扣除项目有职工福利费、职工教育经费、工会会费、利息支出、业务招待费、广告费和业务宣传费等。不允许扣除的项目有个人所得税税款、投资者本人工资、税收滞纳金、罚金、罚款和被没收财物的损失等。

第三步,计算全年纳税所得额。

(1) 合伙企业个人合伙人全年应纳税所得额。

全年纳税所得额 =(纳税调整后所得额 - 弥补以前年度亏损)
　　　　　　　× 合伙企业个人合伙人分配比例
　　　　　　　- 允许扣除的个人费用及其他扣除
　　　　　　　- 投资抵扣 - 准予扣除的个人捐赠支出

(2) 其他纳税人全年应纳税所得额。

全年纳税所得额 = 纳税调整后所得额 - 弥补以前年度亏损
　　　　　　　- 允许扣除的个人费用及其他扣除
　　　　　　　- 投资抵扣 - 准予扣除的个人捐赠支出

允许扣除的个人费用及其他扣除 = 投资者减除费用 + 专项扣除
　　　　　　　　　　　　　　+ 专项附加扣除 + 依法确定的其他扣除

第四步,根据经营所得的适用税率表(附表5),查找适用税率和速算扣除数。

第五步,按下列公式计算全年应纳税额。

应纳税额 = 应纳税所得额 × 适用税率 - 速算扣除数

第六步,计算应补(退)税额。

应补(退)税额 = 应纳税额 - 减免税额 - 已缴税额

【案例 2-20】

张先生和王先生一起投资了一个合伙企业,合伙协议约定张先生占70%,王先生占30%,该合伙企业2019年收入总额100万元(其中国债利息收入2万元,其余均为商品销售收入),成本费用总额50万元。其中张先生领取工资7万元,王先生领取工资3万元,税收滞纳金1万元,广告费20万元。以前年度无亏损。张先生全年发生符合规定的"三险一金"为18 000元,王先生全年发生符合规定的"三险一金"为16 000元;张先生享受赡养老人支出12 000元,两人均无依法确定的其他扣除和减免税额。张先生已预缴税款43 900元,王先生已预缴税款5 900元。

请计算,张先生和王先生汇算清缴时应补(退)的个人所得税。

解析:

(1) 全年利润总额 = 全年收入总额 - 全年成本费用 = 100 - 50 = 50(万元)。

(2) 纳税调整项目。

① 投资者本人的工资薪金支出不得税前扣除,应调增应纳税所得额10万元。

② 广告费不超过当年销售(营业)收入15%的部分,可以据实扣除;超过部分

应调增应纳税所得额,应纳税所得额＝20－(100－2)×15％＝5.3(万元)。

③ 税收滞纳金不得税前扣除,应调增应纳税所得额1万元。

④ 国债利息收入免税,应调减应纳税所得额2万元。

全年纳税调整后所得额＝50＋10＋5.3＋1－2＝64.3(万元)。

(3) 张先生应纳税所得额＝643 000×70％－(5 000×12＋18 000＋12 000)＝360 100(元);

王先生应纳税所得额＝643 000×30％－(5 000×12＋16 000)＝116 900(元)。

(4) 根据经营所得的适用税率表(附表5),张先生适用税率30％和速算扣除数40 500,王先生适用税率20％和速算扣除数10 500。

(5) 张先生应纳税额＝360 100×30％－40 500＝67 530(元);

王先生应纳税额＝116 900×20％－10 500＝12 880(元)。

(6) 张先生应补(退)税额＝67 530－43 900＝23 630(元);

王先生应补(退)税额＝12 880－5 900＝6 980(元)。

2. 纳税人从多处取得经营所得,年度汇总纳税申报应纳税额的计算

纳税人从两处以上取得经营所得,应当就每处取得的所得于次年3月31日前分别办理年度申报,再对多处所得办理年度汇总纳税申报。

第一步,汇总纳税人多处取得的应纳税所得额。

投资者应纳税所得额合计 ＝ $\sum$ 投资者从其各投资单位取得的年度应纳税所得额

第二步,计算调整后应纳税所得额。

调整后应纳税所得额 ＝ 投资者应纳税所得额合计
＋ 应调整的个人费用及其他扣除
＋ 应调整的其他项目

应调整的个人费用及其他扣除,是指按规定需调整增加或者减少应纳税所得额的投资者减除费用、专项扣除、专项附加扣除和依法确定的其他扣除项目金额。调整减少应纳税所得额的,用负数表示。

应调整的其他项目,是按规定应予调整的其他项目的合计金额。调整减少应纳税所得额的,用负数表示。

第三步,根据经营所得的适用税率表(附表5),查找适用税率和速算扣除数,计算全年应纳税额。

应纳税额 ＝ 调整后应纳税所得额×适用税率－速算扣除数

第四步,按下列公式计算应补(退)税额。

应补(退) 税额 ＝ 应纳税额－减免税额－已缴税额

【案例 2-21】

接案例 2-18。2019 年张先生的个体工商户的应纳税所得额为 13 万元,已预缴税额 13 500 元。

接案例 2-20。2019 年合伙企业中张先生的应纳税所得额为 360 100 元,已纳个人所得税 67 530 元。个人费用及其他扣除项目无需进行纳税调整。

请计算,张先生汇总纳税申报时应应补(退)税额。

解析:

(1) 张先生应纳税所得额合计=130 000+360 100=490 100(元)。

(2) 根据经营所得的适用税率表(附表 5),查找适用税率为 30% 和速算扣除数 40 500。

$$应纳税额 = 490\ 100 \times 30\% - 40\ 500 = 106\ 530(元)$$

(3) 张先生应补(退)税额=106 530-(13 500+67 530)=25 500(元)。

(六) 经营所得预缴税额与汇算清缴税额的区别

1. 申报时间与报送的申报表不同

纳税人取得经营所得,按年计算个人所得税,由纳税人在月度或者季度终了后 15 日内向税务机关报送纳税申报表,并预缴税款;投资者兴办两个或两个以上企业的,应分别向企业实际经营管理所在地主管税务机关预缴税款。

纳税人取得经营所得,按年计算个人所得税,在取得所得的次年 3 月 31 日前办理汇算清缴。纳税人从两处以上取得经营所得,应当就每处取得的所得于次年 3 月 31 日前分别办理年度申报,再对多处所得办理年度汇总纳税申报。

2. 应纳税所得额的计算方法不同

纳税人取得经营所得,按月或按季度预缴税款有两种计算方法,按上年应纳税所得额预缴和据实预缴。计算应纳税所得额时,不进行税会差异的纳税调整。

纳税人取得经营所得,年终汇算清缴时应纳税所得的计算方法只有一种,且需要进行税会差异的纳税调整。

二、核定征收方式应纳税额的计算

(一) 核定征收方式的适用范围

《个人所得税实施条例》第十五条规定:"从事生产、经营活动,未提供完整、准确的纳税资料,不能正确计算应纳税所得额的,由主管税务机关核定应纳税所得额或者应纳税额。"

有下列情形之一的,主管税务机关应采取核定征收方式征收个人所得税。

(1) 企业依照国家有关规定应当设置但未设置账簿的。

(2) 企业虽设置账簿,但账目混乱或者成本资料、收入凭证、费用凭证残缺不全,难以查账的。

(3) 纳税人发生纳税义务,未按照规定的期限办理纳税申报,经税务机关责令限期申报,逾期仍不申报的。

(二) 核定征收方式应纳税额的计算

核定征收的方式,包括定额征收、核定应税所得率征收以及其他合理的征收方式。

1. 定额征收

《个体工商户税收定期定额征收管理办法》(国家税务总局第16号令)规定:"个体工商户税收定期定额征收,是指税务机关依照法律、行政法规及本办法的规定,对个体工商户在一定经营地点、一定经营时期、一定经营范围内的应纳税经营额(包括经营数量)或所得额进行核定,并以此为计税依据,确定其应纳税额的一种征收方式。"

定额征收适用于经主管税务机关认定和县以上税务机关(含县级)批准的生产、经营规模小,达不到《个体工商户建账管理暂行办法》规定设置账簿标准的个体工商户的税收征收管理。

税务机关应当根据定期定额户的经营规模、经营区域、经营内容、行业特点、管理水平等因素核定定额,可以采用下列一种或两种以上的方法核定:

(1) 按照耗用的原材料、燃料、动力等推算或者测算核定。

(2) 按照成本加合理的费用和利润的方法核定。

(3) 按照盘点库存情况推算或者测算核定。

(4) 按照发票和相关凭据核定。

(5) 按照银行经营账户资金往来情况测算核定。

(6) 参照同类行业或类似行业中同规模、同区域纳税人的生产、经营情况核定。

(7) 按照其他合理方法核定。

2. 核定应税所得率征收

具有下列情形之一的个人独资企业和合伙企业,核定其应税所得率。

(1) 能正确核算(查实)收入总额,但不能正确核算(查实)成本费用总额的。

(2) 能正确核算(查实)成本费用总额,但不能正确核算(查实)收入总额的。

(3) 通过合理方法,能计算和推定纳税人收入总额或成本费用总额的。

① 能准确核算收入总额的,应纳税所得额的计算公式如下:

合伙企业纳税人应纳税所得额 = 收入总额 × 应税所得率
 × 合伙企业个人合伙人分配比例

其他纳税人应纳税所得额 = 收入总额 × 应税所得率

② 能准确核算成本费用的,应纳税所得额的计算公式如下:

合伙企业纳税人应纳税所得额 = 成本费用支出额 ÷ (1 − 应税所得率)
 × 应税所得率 × 合伙企业个人合伙人分配比例

其他纳税人应纳税所得额 = 成本费用支出额 ÷ (1 − 应税所得率) × 应税所得率

应税所得率应按表2-4规定的标准执行。

表2-4 应税所得率表

行业	应税所得率
工业、交通运输业、商业	5%～20%
建筑业、房地产开发业	7%～20%
饮食服务业	7%～25%
娱乐业	20%～40%
其他行业	10%～30%

企业经营多业的,无论其经营项目是否单独核算,均应根据其主营项目确定其适用的应税所得率。

应纳所得税额 = 应纳税所得额 × 适用税率 − 速算扣除数

特别说明,上述公式是根据《个人所得税经营所得纳税申报表(A表)》填表说明归纳得出的。《关于个人独资企业和合伙企业投资者征收个人所得税的规定》(财税〔2000〕91号)第九条规定应纳所得税额的计算公式为

应纳所得税额 = 应纳税所得额 × 适用税率

这个文件条款至今没有被废止,但是与新《个人所得税法》关于经营所得适用超额累进税率的规定相违背的。

【案例2-22】

某个体工商户不能正确核算收入总额,2019年发生成本费用18万元,税务机关核定的应税所得率为10%。

请计算,2019年该个体工商户业主应缴纳的个人所得税。

解析：

（1）应纳税所得额＝成本（费用）支出额÷(1－应税所得率)×应税所得率＝18÷(1－10%)×10%＝20 000（元）。

（2）根据经营所得的适用税率表，即个人所得税税率表二（附表5），查找适用税率为5%和速算扣除数为0。

（3）应纳所得税额＝应纳税所得额×适用税率＝20 000×5%－0＝1 000（元）。

三、查账征收与核定征收的区别

（一）适用范围不同

查账征收适用于能依法建立健全的会计核算体系、能正确计算盈亏、依法办理纳税申报的取得经营所得的个体工商户、个人独资企业、合伙企业、承包承租经营者个人以及其他从事生产、经营活动的个人。

核定征收适用于未设置账簿的，或虽设置账簿但账目混乱或者成本资料、收入凭证、费用凭证残缺不全，难以查账的纳税人。

（二）应纳税所得额的计算方法不同

查账征收的应纳税所得额计算步骤复杂，先依据健全的会计资料核算而得到利润总额，在利润总额的基础上进行税会差异调整，得到纳税调整后的应纳税所得额，弥补以前年度亏损，再减去投资者允许扣除的个人费用及其他扣除（包括投资者基本费用、专项扣除和专项附加扣除等）和准予扣除的个人捐赠支出等项目，最后得到应纳税所得额。查账征收可享受税收优惠，以前年度亏损可以用以后所得来弥补。

核定征收的应纳税所得额计算步骤简单，即由主管税务机关直接核定应纳税所得额，或者由主管税务机关核定应税所得率按公式计算而得应纳税所得额。实行核定征税的投资者不能享受个人所得税的优惠政策。以前的年度亏损不可以用以后所得来弥补。投资者个人费用（包括投资者基本费用、专项扣除和专项附加扣除等）、个人捐赠支出等不能在税前扣除。

（三）纳税申报不同

个体工商户业主、个人独资企业投资人、合伙企业个人合伙人、承包承租经营者个人以及其他从事生产、经营活动的个人在中国境内取得经营所得，且实行查账征收的,应当在月度或者季度终了后15日内,向税务机关办理预缴纳税申报,报送《个人所得税经营所得纳税申报表(A表)》。纳税人从多处取得经营所得,应分别向实际经营管理所在地主管税务机关预缴税款。纳税人在取得经营所得的次年3月31日前,向税务机关办理汇算清缴,报送《个人所得税经营所得纳税申报表(B表)》。纳税人从多处取得经营所得,还应选择某一处实际经营管理所在地主管税务机关办理汇总纳税,报送《个人所得税经营所得纳税申报表(C表)》。

个体工商户业主、个人独资企业投资人、合伙企业个人合伙人、承包承租经营者个人以及其他从事生产、经营活动的个人在中国境内取得经营所得,且实行核定征收的,应当在月度或者季度终了后15日内,向税务机关办理纳税申报,报送《个人所得税经营所得纳税申报表(A表)》。年度终了,无需进行汇算清缴申报。

第三节 分类所得应纳税额的计算

纳税人取得财产租赁所得、财产转让所得、利息股息红利所得和偶然所得,仍沿用分类征税办法,不同项目所得分别征税。有扣缴义务人的,由扣缴义务人按月或按次代扣代缴税款。无扣缴义务人的,由纳税人自行申报纳税。这里的纳税义务人,既包括居民个人,又包括非居民个人。

一、财产租赁所得应纳税额的计算

纳税人取得财产租赁所得,按次计算征收个人所得税。财产租赁所得,以一个月内取得的收入为一次。

财产租赁所得,以定额或定率减除规定费用后的余额为应税所得额。每次收入不超过4 000元,定额减除费用800元;每次收入4 000元以上,定率减除20%的费用。

在确定财产租赁的应纳税所得额时,纳税人在出租财产过程中缴纳的税金和教育费附加,可持完税(缴款)凭证,从其财产租赁收入中扣除。准予扣除的项目除了规定费用和有关税费外,还准予扣除能够提供有效、准确凭证,证明由纳税人负担的该出租财产实际开支的修缮费用。允许扣除的修缮费用,以每次800元为限。一次扣除不完的,准予在下一次继续扣除,直到扣完为止。

财产租赁所得应纳税额的计算公式如下：

(1) 每次(月)收入不足 4 000 元的。

应纳税额 =［每次(月)收入额 − 800 元 − 财产租赁过程中缴纳的税费
　　　　　 − 由纳税人负担的租赁财产实际开支的修缮费用(800 元为限)］
　　　　　 × 适用税率

(2) 每次(月)收入在 4 000 元以上的。

应纳税额 =［每次(月)收入额 × (1 − 20%) − 财产租赁过程中缴纳的税费
　　　　　 − 由纳税人负担的租赁财产实际开支的修缮费用(800 元为限)］
　　　　　 × 适用税率

财产租赁所得适用 20% 的比例税率。但个人按市场价格出租的居民住房取得的所得，自 2001 年 1 月 1 日起暂减按 10% 的税率征收个人所得税。

个人出租房屋的个人所得税应税收入不含增值税，计算房屋出租所得可扣除的税费不包括本次出租缴纳的增值税。个人转租房屋的，其向房屋出租方支付的租金及增值税额，在计算转租所得时准予扣除。

【案例 2-23】

王某于 2019 年 1 月将其自有的面积为 140 平方米的居民住房按市场价出租给张某居住。王某每月获得租金收入 5 000 元，全年租金收入 60 000 元。

请计算，王某全年租金收入应缴纳的个人所得税(不考虑其他税费)。

解析：

财产租赁收入以每月内取得的收入为一次，按市场价出租给个人居住适用 10% 的税率，因此，王某每月及全年应纳税额为

(1) 每月应纳税额 = 5 000 × (1 − 20%) × 10% = 400(元)。

(2) 全年应纳税额 = 400 × 12 = 4 800(元)。

本例在计算个人所得税时未考虑其他税费。如果对租金收入计征增值税、城市维护建设税、房产税和教育费附加等，还应将其从税前的收入中先扣除后再计算应缴纳的个人所得税。

假定上例中，当年 3 月因下水道堵塞找人修理，发生修理费用 1 200 元，有维修部门的正式收据，则 3 月和 4 月的应纳税额为：

(1) 3 月应纳税额 =［5 000 × (1 − 20%) − 800］× 10% = 320(元)。

(2) 4 月应纳税额 =［5 000 × (1 − 20%) − 400］× 10% = 360(元)。

在实际征税过程中，有时会出现财产租赁所得的纳税人不明确的情况。对此，在确定财产租赁所得纳税人时，应以产权凭证为依据。无产权凭证的，由主管税务

机关根据实际情况确定纳税人。如果产权所有人死亡,在未办理产权继承手续期间,该财产出租且有租金收入的,以领取租金收入的个人为纳税人。

二、财产转让所得应纳税额的计算

财产转让所得,是指个人转让有价证券、股权、合伙企业中的财产份额、不动产、机器设备、车船以及其他财产取得的所得。

(一)一般情形下财产转让所得应纳税额的计算

财产转让所得,以转让财产的收入额减除财产原值和合理费用后的余额,为应纳税所得额。

财产原值,按照下列方法计算:

(1) 有价证券,为买入价以及买入时按照规定缴纳的有关费用。

(2) 建筑物,为建造费或者购进价格以及其他有关费用。

(3) 土地使用权,为取得土地使用权所支付的金额、开发土地的费用以及其他有关费用。

(4) 机器设备、车船,为购进价格、运输费、安装费以及其他有关费用。

(5) 其他财产,参照上述规定的方法确定财产原值。

纳税人未提供完整、准确的财产原值凭证,不能正确计算财产原值的,由主管税务机关核定其财产原值。合理费用,是指卖出财产时按照规定支付的有关税费。

财产转让所得,适用比例税率,税率为20%。

财产转让所得应纳税额的计算公式为

$$应纳税额 = 应纳税所得额 \times 适用税率$$
$$= (收入总额 - 财产原值 - 合理费用) \times 20\%$$

【案例 2-24】

李某转让一处临街商铺(原值为200万元),取得不含增值税的转让收入450万元,支付可以税前扣除的各项合理税费合计5万元(均取得合法票据)。

请计算李某出售该商铺应纳个人所得税。

解析:

$$应纳税额 = (收入总额 - 财产原值 - 合理费用) \times 20\%$$
$$= (450 - 200 - 5) \times 20\% = 49(万元)$$

（二）非货币性资产投资应纳税额的计算

《财政部 国家税务总局关于个人非货币性资产投资有关个人所得税政策的通知》(财税〔2015〕41号)规定："个人以非货币性资产投资，属于个人转让非货币性资产和投资同时发生。对个人转让非货币性资产的所得，应按照'财产转让所得'项目，依法计算缴纳个人所得税。个人以非货币性资产投资，应按评估后的公允价值确认非货币性资产转让收入。非货币性资产转让收入减除该资产原值及合理税费后的余额为应纳税所得额。个人以非货币性资产投资，应于非货币性资产转让、取得被投资企业股权时，确认非货币性资产转让收入的实现。"

（三）股票转让所得应纳税额的计算

1. 转让从上市公司公开发行和转让市场取得的上市公司股票所得，免征个人所得税

《财政部 国家税务总局证监会关于个人转让上市公司限售股所得征收个人所得税有关问题的通知》(财税〔2009〕167号)规定："对个人在上海证券交易所、深圳证券交易所转让从上市公司公开发行和转让市场取得的上市公司股票所得，继续免征个人所得税。"

2. 转让限售股所得应纳税额的计算

《财政部 国家税务总局证监会关于个人转让上市公司限售股所得征收个人所得税有关问题的通知》(财税〔2009〕167号)规定："自2010年1月1日起，对个人转让限售股取得的所得，按照'财产转让所得'，适用20%的比例税率征收个人所得税。个人转让限售股，以每次限售股转让收入，减除股票原值和合理税费后的余额，为应纳税所得额。"

应纳税所得额 = 限售股转让收入 －（限售股原值 ＋ 合理税费）

应纳税额 = 应纳税所得额 × 20%

限售股转让收入，是指转让限售股股票实际取得的收入。限售股原值，是指限售股买入时的买入价及按照规定缴纳的有关费用。合理税费，是指转让限售股过程中发生的印花税、佣金、过户费等与交易相关的税费。

如果纳税人未能提供完整、真实的限售股原值凭证的，不能准确计算限售股原值的，主管税务机关一律按限售股转让收入的15%核定限售股原值及合理税费。

限售股转让所得个人所得税，以限售股持有者为纳税义务人，以个人股东开户的证券机构为扣缴义务人。限售股个人所得税由证券机构所在地主管税务机关负责征收管理。

3. 转让新三板挂牌公司股票所得

为促进全国中小企业股份转让系统(以下简称"新三板")长期稳定发展,《财政部 国家税务总局 中国证券监督管理委员会关于个人转让全国中小企业股份转让系统挂牌公司股票有关个人所得税政策的通知》(财税〔2018〕137号)规定:"自2018年11月1日(含)起,对个人转让新三板挂牌公司非原始股取得的所得,暂免征收个人所得税。对个人转让新三板挂牌公司原始股取得的所得,按照'财产转让所得',适用20%的比例税率征收个人所得税。"

4. 转让境外上市公司股票所得

《财政部 税务总局 证监会关于继续执行沪港、深港股票市场交易互联互通机制和内地与香港基金互认有关个人所得税政策的公告》(财政部公告2019年第93号)规定:"内地个人投资者通过沪港通、深港通投资香港联交所上市股票取得的转让差价所得和通过基金互认买卖香港基金份额取得的转让差价所得,自2019年12月5日起至2022年12月31日止,继续暂免征收个人所得税。"

(四) 转让非上市公司股权所得

《股权转让所得个人所得税管理办法(试行)》第四条规定:"个人转让股权,以股权转让收入减除股权原值和合理费用后的余额为应纳税所得额,按'财产转让所得'缴纳个人所得税。"

股权,是指自然人股东(以下简称个人)投资于在中国境内成立的企业或组织(以下统称被投资企业,不包括个人独资企业和合伙企业)的股权或股份。

股权转让,是指个人将股权转让给其他个人或法人的行为,包括以下情形:① 出售股权;② 公司回购股权;③ 发行人首次公开发行新股时,被投资企业股东将其持有的股份以公开发行方式一并向投资者发售;④ 股权被司法或行政机关强制过户;⑤ 以股权对外投资或进行其他非货币性交易;⑥ 以股权抵偿债务;⑦ 其他股权转移行为。

股权转让收入,是指转让方因股权转让而获得的现金、实物、有价证券和其他形式的经济利益。转让方取得与股权转让相关的各种款项,包括违约金、补偿金以及其他名目的款项、资产、权益等,均应当并入股权转让收入。纳税人按照合同约定,在满足约定条件后取得的后续收入,应当作为股权转让收入。

个人转让股权的原值依照以下方法确认:① 以现金出资方式取得的股权,按照实际支付的价款与取得股权直接相关的合理税费之和确认股权原值;② 以非货币性资产出资方式取得的股权,按照税务机关认可或核定的投资入股时非货币性资产价格与取得股权直接相关的合理税费之和确认股权原值;③ 通过无偿让渡方式取得股权,具备本办法第十三条第二项所列情形的,按取得股权发生的合理税费与原持有人的股权原值之和确认股权原值;④ 被投资企业以资本公积、盈余公积、未分配利润转增股本,个人股东已依法缴纳个人所得税的,以转增额和相关税费之和确认其新转增股本的股权原值;⑤ 除以上情形外,由主管税务机关按照避免重复征收个人所得税的原则合理确认股权原值;⑥ 个人转让股权未提供完整、准确的股权原值凭证,不能正确计算股权原值的,由主管税务机关核定其股权原值;⑦ 对个人多次取得同一被投资企业股权的,转让部分股权时,采用"加权平均法"确定其股权原值。

(五) 房地产转让所得

《国家税务总局关于个人住房转让所得征收个人所得税有关问题的通知》(国税发〔2006〕108号)规定:"对转让住房收入计算个人所得税应纳税所得额时,纳税人可凭原购房合同、发票等有效凭证,经税务机关审核后,允许从其转让收入中减除房屋原值、转让住房过程中缴纳的税金及有关合理费用。"

住房转让所得征收个人所得税时,以实际成交价格为转让收入。纳税人申报的住房成交价格明显低于市场价格且无正当理由的,征收机关依法有权根据有关信息核定其转让收入。

房屋原值具体有以下几种:

(1) 商品房。购置该房屋时实际支付的房价款及交纳的相关税费。

(2) 自建住房。实际发生的建造费用及建造和取得产权时实际交纳的相关税费。

(3) 经济适用房(含集资合作建房、安居工程住房)。原购房人实际支付的房价款及相关税费,以及按规定交纳的土地出让金。

(4) 已购公有住房。原购公有住房标准面积按当地经济适用房价格计算的房价款,加上原购公有住房超标准面积实际支付的房价款以及按规定向财政部门(或原产权单位)交纳的所得收益及相关税费。已购公有住房是指城镇职工根据国家和县级(含县级)以上人民政府有关城镇住房制度改革政策规定,按照成本价(或标准价)购买的公有住房。经济适用房价格按县级(含县级)以上地方人民政府规定的标准确定。

(5) 城镇拆迁安置住房。根据《城市房屋拆迁管理条例》(国务院令第305号)和《建设部关于印发〈城市房屋拆迁估价指导意见〉的通知》(建住房〔2003〕234号)等有关规定,其原值有以下几种:

① 房屋拆迁取得货币补偿后购置房屋的,为购置该房屋实际支付的房价款及

交纳的相关税费。

② 房屋拆迁采取产权调换方式的,所调换房屋原值为《房屋拆迁补偿安置协议》注明的价款及交纳的相关税费。

③ 房屋拆迁采取产权调换方式,被拆迁人除取得所调换房屋,又取得部分货币补偿的,所调换房屋原值为《房屋拆迁补偿安置协议》注明的价款和交纳的相关税费,减去货币补偿后的余额。

④ 房屋拆迁采取产权调换方式,被拆迁人取得所调换房屋,又支付部分货币的,所调换房屋原值为《房屋拆迁补偿安置协议》注明的价款,加上所支付的货币及交纳的相关税费。

转让住房过程中缴纳的税金,是指纳税人在转让住房时实际缴纳的城市维护建设税、教育费附加、土地增值税、印花税等税金。

合理费用,是指纳税人按照规定实际支付的住房装修费用、住房贷款利息、手续费、公证费等费用。

纳税人未提供完整、准确的房屋原值凭证,不能正确计算房屋原值和应纳税额的,税务机关可根据《中华人民共和国税收征收管理法》第三十五条的规定,对其实行核定征税,即按纳税人住房转让收入的一定比例核定应纳个人所得税额。具体比例由省级税务局或者省级税务局授权的地市级税务局根据纳税人出售住房的所处区域、地理位置、建造时间、房屋类型、住房平均价格水平等因素,一般为住房转让收入的1%～3%。

(六) 财产拍卖所得

《国家税务总局关于加强和规范个人取得拍卖收入征收个人所得税有关问题的通知》(国税发〔2007〕38号)规定:个人财产拍卖所得适用"财产转让所得"项目计算应纳税所得额时,纳税人凭合法有效凭证(税务机关监制的正式发票、相关境外交易单据或海关报关单据、完税证明等),从其转让收入额中减除相应的财产原值、拍卖财产过程中缴纳的税金及有关合理费用。对个人财产拍卖所得征收个人所得税时,以该项财产最终拍卖成交价格为其转让收入额。

财产原值,是指售出方个人取得该拍卖品的价格(以合法有效凭证为准)。具体有:① 通过商店、画廊等途径购买的,为购买该拍卖品时实际支付的价款;② 通过拍卖行拍得的,为拍得该拍卖品实际支付的价款及交纳的相关税费;③ 通过祖传收藏的,为其收藏该拍卖品而发生的费用;④ 通过赠送取得的,为其受赠该拍卖品时发生的相关税费;⑤ 通过其他形式取得的,参照以上原则确定财产原值。

拍卖财产过程中缴纳的税金,是指在拍卖财产时纳税人实际缴纳的相关税金及附加。

有关合理费用,是指拍卖财产时纳税人按照规定实际支付的拍卖费(佣金)、鉴定费、评估费、图录费、证书费等费用。

纳税人如不能提供合法、完整、准确的财产原值凭证,不能正确计算财产原值的,按转让收入额的3%征收率计算缴纳个人所得税;拍卖品为经文物部门认定是海外回流文物的,按转让收入额的2%征收率计算缴纳个人所得税。

个人财产拍卖所得应纳的个人所得税税款,由拍卖单位负责代扣代缴,并按规定向拍卖单位所在地主管税务机关办理纳税申报。

（七）购买和处置债权所得

《关于个人因购买和处置债权取得所得征收个人所得税问题的批复》（国税函〔2005〕655号）规定:"个人通过招标、竞拍或其他方式购置债权以后,通过相关司法或行政程序主张债权而取得的所得,应按照'财产转让所得'项目缴纳个人所得税。"

个人通过上述方式取得"打包"债权,只处置部分债权的,其应纳税所得额按以下方式确定:

（1）以每次处置部分债权的所得,作为一次财产转让所得征税。

（2）其应税收入按照个人取得的货币资产和非货币资产的评估价值或市场价值的合计数确定。

（3）所处置债权成本费用（即财产原值）,按下列公式计算:

当次处置债权成本费用 ＝个人购置"打包"债权实际支出
　　　　　　　　　　× 当次处置债权账面价值（或拍卖机构公布价值）
　　　　　　　　　　÷ "打包"债权账面价值（或拍卖机构公布价值）

（4）个人购买和处置债权过程中发生的拍卖招标手续费、诉讼费、审计评估费以及缴纳的税金等合理税费,在计算个人所得税时允许扣除。

三、利息、股息、红利所得应纳税额的计算

利息是个人拥有债权而取得的所得,包括存款利息、贷款利息、借款和各种债券利息以及其他形式取得的利息。股息、红利是指公司、企业按照个人拥有的股份分配的息金、红利。

纳税人取得利息、股息、红利所得,按次计算征收个人所得税。以支付利息、股息、红利时取得的收入为一次。每次收入额就是应纳税所得额,没有任何扣除。

利息、股息、红利所得,适用比例税率,税率为20%。

$$利息、股息、红利所得应纳税额 = 应纳税所得额 \times 适用税率$$
$$= 每次收入额 \times 适用税率$$

【案例 2-25】

张某 2019 年 11 月份从某非上市公司取得红利 5 000 元,为此支付交通费 50 元、银行手续费 1 元。

请计算,张某取得红利应纳个人所得税额。

解析:

张某应按"利息、股息、红利所得"征税,其每次收入额即为应纳税所得额,不得减除任何支出、费用,即应纳个人所得税 = 5 000 × 20% = 1 000(元)。

四、偶然所得应纳税额的计算

偶然所得是指个人得奖、中奖、中彩以及其他偶然性质的所得。

(一) 一般情形下偶然所得应纳税额的计算

(1) 偶然所得按次计算纳税,以每次取得该项收入为一次。

(2) 每次收入额就是应纳税所得额,没有任何扣除。

(3) 偶然所得,适用比例税率,税率为20%。

(4) 偶然所得应纳税额的计算公式为

$$应纳税额 = 应纳税所得额 \times 适用税率$$
$$= 每次收入额 \times 20\%$$

【案例 2-26】

2019 年 1 月,周某在商场举办的有奖销售活动中获得奖金 4 000 元,周某领奖时支付交通费 30 元、餐费 70 元。已知偶然所得个人所得税税率为 20%。

请计算,周某中奖奖金的所得税税额。

解析:

偶然所得,以每次收入额为应纳税所得额,没有任何扣除,因此,周某领奖时支付的交通费 30 元、餐费 70 元,均不得扣除。所以,周某应纳个人所得税 = 4 000 × 20% = 800(元)。

(二) 个人提供担保获得的收入

《财政部 税务总局关于个人取得有关收入适用个人所得税应税所得项目的公

告》(财政部 税务总局公告2019年第74号)规定:"个人为单位或他人提供担保获得收入,按照'偶然所得'项目计算缴纳个人所得税。"

(三) 个人无偿受赠房屋所得

《财政部 税务总局关于个人取得有关收入适用个人所得税应税所得项目的公告》(财政部 税务总局公告2019年第74号)规定:"房屋产权所有人将房屋产权无偿赠与他人的,受赠人因无偿受赠房屋取得的受赠收入,按照'偶然所得'项目计算缴纳个人所得税。"

按照《财政部 国家税务总局关于个人无偿受赠房屋有关个人所得税问题的通知》(财税〔2009〕78号)第一条规定,符合以下情形的,对当事双方不征收个人所得税:

(1) 房屋产权所有人将房屋产权无偿赠与配偶、父母、子女、祖父母、外祖父母、孙子女、外孙子女、兄弟姐妹。

(2) 房屋产权所有人将房屋产权无偿赠与对其承担直接抚养或者赡养义务的抚养人或者赡养人。

(3) 房屋产权所有人死亡,依法取得房屋产权的法定继承人、遗嘱继承人或者受遗赠人。

(四) 个人取得礼品收入

《财政部 税务总局关于个人取得有关收入适用个人所得税应税所得项目的公告》(财政部 税务总局公告2019年第74号)规定:"企业在业务宣传、广告等活动中,随机向本单位以外的个人赠送礼品(包括网络红包,下同),以及企业在年会、座谈会、庆典以及其他活动中向本单位以外的个人赠送礼品,个人取得的礼品收入,按照'偶然所得'项目计算缴纳个人所得税,但企业赠送的具有价格折扣或折让性质的消费券、代金券、抵用券、优惠券等礼品除外。"

(五) 顾客额外抽奖获奖所得

《财政部 国家税务总局关于企业促销展业赠送礼品有关个人所得税问题的通知》(财税〔2011〕50号)规定:"企业对累积消费达到一定额度的顾客,给予额外抽奖机会,个人的获奖所得,按照'偶然所得'项目,全额适用20%的税率缴纳个人所得税。"

(六) 有奖发票奖金所得

《财政部 国家税务总局关于个人取得有奖发票奖金征免个人所得税问题的通知》(财税〔2007〕34号)规定:"个人取得单张有奖发票奖金所得不超过800元(含800元)的,暂免征收个人所得税;个人取得单张有奖发票奖金所得超过800元的,应全额按照个人所得税法规定的'偶然所得'项目征收个人所得税。"

第四节 境外所得应纳税额的计算

我国个人所得税法规定,居民个人承担无限纳税义务,来源于境内所得要纳税,来源于境外所得也应依法纳税。

一、来源于境外所得的判定

《财政部 税务总局关于境外所得有关个人所得税政策的公告》(财政部 税务总局公告2020年第3号)第一条规定,下列所得,为来源于中国境外的所得:

(1) 因任职、受雇、履约等在中国境外提供劳务取得的所得。
(2) 中国境外企业以及其他组织支付且负担的稿酬所得。
(3) 许可各种特许权在中国境外使用而取得的所得。
(4) 在中国境外从事生产、经营活动而取得的与生产、经营活动相关的所得。
(5) 从中国境外企业、其他组织以及非居民个人取得的利息、股息、红利所得。
(6) 将财产出租给承租人在中国境外使用而取得的所得。
(7) 转让中国境外的不动产、转让对中国境外企业以及其他组织投资形成的股票、股权以及其他权益性资产(以下称权益性资产)或者在中国境外转让其他财产取得的所得。但转让对中国境外企业以及其他组织投资形成的权益性资产,该权益性资产被转让前三年(连续36个公历月份)内的任一时间,被投资企业或其他组织的资产公允价值50%以上直接或间接来自位于中国境内的不动产的,取得的所得为来源于中国境内的所得。
(8) 中国境外企业、其他组织以及非居民个人支付且负担的偶然所得。
(9) 财政部、税务总局另有规定的,按照相关规定执行。

二、居民个人取得境外所得的计税方法

《财政部 税务总局关于境外所得有关个人所得税政策的公告》（财政部 税务总局公告2020年第3号）第二条规定，居民个人应当依照个人所得税法及其实施条例规定，按照以下方法计算当期境内和境外所得应纳税额：

（1）居民个人来源于中国境外的综合所得，应当与境内综合所得合并计算应纳税额。

（2）居民个人来源于中国境外的经营所得，应当与境内经营所得合并计算应纳税额。居民个人来源于境外的经营所得，按照个人所得税法及其实施条例的有关规定计算的亏损，不得抵减其境内或他国（地区）的应纳税所得额，但可以用来源于同一国家（地区）以后年度的经营所得按中国税法规定弥补。

（3）居民个人来源于中国境外的利息、股息、红利所得，财产租赁所得，财产转让所得和偶然所得，不与境内所得合并，应当分别单独计算应纳税额。

三、境外所得抵免税额的规定

税收抵免是解决国际间重复课税的一种措施，即对纳税人来源于国内、国外的全部所得或财产课征所得税时允许以其在国外缴纳的所得税或财产税税款抵免应纳税款的一种税收优惠方式。具体办法是，先按本国税法规定计算来自国内、国外全部所得或财产的应纳所得税或财产税税款，然后再扣除其国外缴纳的部分，其余额即为应纳所得税或财产税税款。税收抵免一般多采取限额抵免办法，即抵免数额不得超过按照本国税法计算的应纳税额。

《个人所得税法》第七条规定，居民个人从中国境外取得的所得，可以从其应纳税额中抵免已在境外缴纳的个人所得税税额，但抵免额不得超过该纳税人境外所得依照本法规定计算的应纳税额。居民个人申请抵免已在境外缴纳的个人所得税税额，应当提供境外税务机关出具的税款所属年度的有关纳税凭证。纳税人确实无法提供纳税凭证的，可同时凭境外所得纳税申报表（或者境外征税主体确认的缴税通知书）以及对应的银行缴款凭证办理境外所得抵免事宜。

除国务院财政、税务主管部门另有规定外，来源于中国境外一个国家（地区）的综合所得抵免限额、经营所得抵免限额以及其他所得抵免限额之和，为来源于该国家（地区）所得的抵免限额。

居民个人在中国境外一个国家（地区）实际已经缴纳的个人所得税税额，低于

依照前款规定计算出的来源于该国家(地区)所得的抵免限额的,应当在中国缴纳差额部分的税款;超过来源于该国家(地区)所得的抵免限额的,其超过部分不得在本纳税年度的应纳税额中抵免,但是可以在以后纳税年度来源于该国家(地区)所得的抵免限额的余额中补扣。补扣期限最长不得超过5年。

以上政策说明,我国个人所得税计算抵免限额是"分国不分项"的。也就是说,居民个人从同一国家取得的所得,各项目需要先分别计算各自的抵免限额,然后将各项目的抵免限额相加,减去在该国缴纳的税额合计,从而计算是否应补个人所得税。如果来自两个国家或地区的所得,则不能合并,需要单独计算。

四、居民个人境外所得应纳税额的计算

居民个人来源于中国境外的所得,应当在取得所得的次年3月1日至6月30日内申报纳税。

居民个人境外所得应纳税额的计算步骤:

第一步,计算居民个人取得境内、境外所得依照我国税法规定的应纳税额。

(1) 居民个人取得境外综合所得,先合并境内、境外综合所得应纳税所得额,依据个人所得税税率表一(附表3)查找适用税率和速算扣除数,按下列公式计算合并所得应纳税额。

$$境内、外综合所得应纳税额 =(境内+境外)综合所得应纳税所得额 \times 适用税率-速算扣除数$$

(2) 居民个人取得境外经营所得,先合并境内、境外经营所得应纳税所得额,依据个人所得税税率表三(附表5)查找适用税率和速算扣除数,计算合并所得应纳税额。

$$境内、外经营所得应纳税额 =(境内+境外)经营所得应纳税所得额 \times 适用税率-速算扣除数$$

(3) 居民个人取得境外分类所得,不与境内所得合并,应分别单独计算应纳税额。

$$境外财产转让所得应纳税额 = 境外财产转让所得应纳税所得额 \times 适用税率20\%$$

$$境外财产租赁所得应纳税额 = 境外财产租赁所得应纳税所得额 \times 适用税率20\%$$

$$境外利息、股息、红利所得应纳税额 = 境外利息、股息、红利所得应纳税所得额 \times 适用税率20\%$$

$$境外偶然所得应纳税额 = 境外偶然所得应纳税所得额 \times 适用税率20\%$$

第二步，计算境外综合所得、经营所得和分类所得的抵免限额。

　　来源于一国（地区）综合所得的抵免限额

　　　＝中国境内和境外综合所得依照我国税法规定计算的应纳税额

　　　　×来源于该国（地区）的综合所得收入额

　　　　÷中国境内和境外综合所得收入额合计

　　来源于一国（地区）经营所得的抵免限额

　　　＝中国境内和境外经营所得依照我国税法规定计算的应纳税额

　　　　×来源于该国（地区）的经营所得应纳税所得额

　　　　÷中国境内和境外经营所得应纳税所得额合计

　　来源于一国（地区）其他分类所得的抵免限额

　　　＝该国（地区）的其他分类所得依照我国税法规定计算的应纳税额

来源于一国（地区）所得的抵免限额＝来源于该国（地区）综合所得抵免限额

　　　　　　　　　　　　　　＋来源于该国（地区）经营所得抵免限额

　　　　　　　　　　　　　　＋来源于该国（地区）其他分类所得抵免限额

第三步，比较境外所得在中国境外实际已缴纳的税额与该国（地区）抵免限额，确定可抵免的境外所得税税额。

境外所得在中国境外实际已缴纳的税额低于抵免限额时，可抵免的境外所得税税额为境外实际已缴纳的税额，应当在中国缴纳差额部分的税款。

境外所得在中国境外实际已缴纳的税额高于抵免限额时，可抵免的境外所得税税额为抵免限额，超过部分可以在以后5个纳税年度内结转抵免。

第四步，计算居民个人境内、境外所得应补/退税额。

应补/退税额＝居民个人取得境内外所得依照我国税法规定的应纳税额

　　　　　－境外抵免税额－境内预缴税额

【案例 2-26】

王先生在工作地（某省会城市）无自有住房且租房生活。2019年王先生国内月工资收入20 000元，每月个人缴纳的"三险一金"为2 500元；他从A国获得劳务报酬30 000元，股息红利收入10 000元，按照A国税法规定缴纳了个人所得税3 000元；从B国取得稿酬收入7 000元，按照B国税法规定缴纳了个人所得税1 000元，除住房租金外无其他扣除项目和减免税事项，境内工资薪金所得已预缴税额13 080元。不考虑税收协定因素。

请计算，王先生汇算清缴时应补/退税额。

解析：

（1）境内、境外综合所得收入额＝20 000×12＋30 000×(1－20％)＋7 000×

$(1-20\%) \times 70\% = 240\,000 + 24\,000 + 3\,920 = 267\,920(元)$。

(2) 境内、境外综合所得应纳税所得额 $= 267\,920 - 60\,000 - 2\,500 \times 12 - 1\,500 \times 12 = 159\,920(元)$。

(3) 依据个人所得税税率表一(附表3),适用税率为20%和速算扣除数为16 920。

境内、外综合所得应纳税额 $= 159\,920 \times 20\% - 16\,920 = 15\,064(元)$

(4) A国综合所得的抵免限额 $= 15\,064 \times 24\,000 \div 267\,920 = 1\,349.42(元)$;

B国综合所得的抵免限额 $= 15\,064 \times 3\,920 \div 267\,920 = 220.40(元)$;

A国股息红利所得抵免限额 $=$ A国股息红利所得应纳税额 $= 10\,000 \times 20\% = 2\,000(元)$;

A国所得的抵免限额 $= 1\,349.42 + 2\,000 = 3\,349.42(元)$。

在A国实际缴纳的个人所得税3 000元<A国的抵免限额3 349.42元,可按实际缴纳的税额3 000元抵免。

在B国实际缴纳的个人所得税1 000元>B国的抵免限额220.40元,因此本年度可抵免境外缴纳个税金额220.40元,剩余部分779.60元在以后5年内王先生可从B国取得的所得抵免限额有余额时抵免。

(5) 王先生应补/退税额 $= 15\,064 + 2\,000 - 3\,000 - 220.40 - 13\,080 = 763.6(元)$。

五、计算境外所得应纳税额应注意的问题

(一) 境外纳税年度与我国纳税年度不一致的问题

根据《个人所得税法》第一条规定,我国纳税年度采用公历年度,即自公历1月1日起至12月31日止。但由于各国税制和征管差异较大,《财政部 税务总局关于境外所得有关个人所得税政策的公告》(财政部 税务总局公告2020年第3号)第九条明确规定,对居民个人取得境外所得纳税年度与我国公历年度不一致的,取得境外所得的境外纳税年度最后一日所在的公历年度,为境外所得对应的我国纳税年度。例如,按英国税收法律规定,其纳税年度为每年4月1日至次年3月31日。我国居民张女士于2019年9月从英国取得稿酬所得,对应英国的纳税年度为2019年4月1日至2020年3月31日。取得境外所得的境外纳税年度最后一日所在的公历年度为2020年,则张女士2019年9月从英国取得稿酬所得,对应我国纳税年度为2020年度。故张女士应与2020年度取得的境内所得合并计算纳税,并于2021年3月1日至6月30日对境外所得申报纳税。

（二）先按"分国分项"计算抵免限额，再按"分国不分项"确定实际抵免税额

正确计算实际抵免税额，是确保境外纳税合理抵免的重要一环。由于我国现行个人所得税法采用的是综合与分类相结合的征税制，在计算居民个人境外所得已纳税款的抵免限额时，按"分国分项"的原则，必须区分不同国家（地区）和不同应税所得项目分别计算抵免限额。考虑到世界上有些国家和地区的个人所得税采用的是综合税制，在计算个人所得税税额时，通常是将各项所得综合起来一并计算，很难将纳税人在某国缴纳的个人所得税税额分解到各个单项应税所得。针对这种情况，我国税法规定，来源于中国境外一个国家（地区）的综合所得抵免限额、经营所得抵免限额以及其他所得抵免限额之和，为来源于该国家（地区）所得的抵免限额。这就是说，在实际扣除境外税额时，实行"分国不分项"的综合扣除方法。

（三）税收饶让抵免应纳税额的问题

税收饶让，指居住国政府对其居民在国外得到减免税优惠的那一部分，视同已经缴纳，同样给予税收抵免待遇不再按居住国税法规定的税率予以补征。税收饶让是配合抵免方法的一种特殊方式，是为贯彻某种经济政策而采取的优惠措施。税收饶让这种优惠措施的实行，通常需要通过签订双边税收协定的方式予以确定。

由于我国政府与部分国家签订的税收协定中有税收饶让条款，《财政部 税务总局关于境外所得有关个人所得税政策的公告》（财政部 税务总局公告2020年第3号）明确规定，居民个人从与我国订立税收协定的境外国家取得所得，并按该国家税收法律享受免税或减税待遇的，该所得已享受的免税或减税的数额按照税收协定规定应视同已缴税额在我国的应纳税额中予以抵免。

（四）境外经营所得境内申报时间衔接的问题

《个人所得税法》第十三条规定，居民个人从中国境外取得所得的，应当在取得所得的次年3月1日至6月30日内申报纳税。这一申报日期与综合所得年度汇算申报日期一致，但晚于经营所得汇算清缴截止日期3月31日。如果居民个人有境内经营所得，同时又需要申报境外所得抵免，应根据各自实际情况选择在3月31日前一次性完成境内、境外经营所得的年度汇算和境外所得抵免，也可在3月31日前先进行境内经营所得的汇缴，再于6月30日前申报其境外所得并办理境外所得抵免。

第三章　个人所得税的纳税申报

第一节　扣缴义务人的纳税申报

纳税申报,是指纳税人按照税法规定的期限和内容向税务机关提交有关纳税事项书面报告的法律行为,是纳税人履行纳税义务、承担法律责任的主要依据,是税务机关税收管理信息的主要来源和税务管理的一项重要制度。

我国个人所得税实行由支付单位全员全额扣缴申报和纳税人自行申报两种方式。

一、个人所得税的全员全额扣缴申报

凡是向个人支付所得的单位或者个人,为个人所得税的扣缴义务人。扣缴义务人应当依法办理全员全额扣缴申报。全员全额扣缴申报,是指扣缴义务人应当在代扣税款的次月15日内,向主管税务机关报送其支付所得的所有个人的有关信息、支付所得数额、扣除事项和数额、扣缴税款的具体数额和总额以及其他相关涉税信息资料。

《个人所得税扣缴申报管理办法(试行)》(国家税务总局公告2018年第61号)第四条规定,实行个人所得税全员全额扣缴申报的应税所得包括:

(1) 工资薪金所得。
(2) 劳务报酬所得。
(3) 稿酬所得。
(4) 特许权使用费所得。
(5) 利息、股息、红利所得。
(6) 财产租赁所得。
(7) 财产转让所得。
(8) 偶然所得。

二、扣缴义务人的纳税申报事项

(一) 扣缴义务人报送纳税人基础信息和专项附加扣除信息

扣缴义务人首次向纳税人支付所得时,应当按照纳税人提供的纳税人识别号等基础信息,填写《个人所得税基础信息表(A 表)》(表 3-1),并于次月扣缴申报时向税务机关报送。扣缴义务人对纳税人向其报告的相关基础信息变化情况,应当于次月扣缴申报时向税务机关报送。扣缴义务人发现纳税人提供的信息与实际情况不符的,可以要求纳税人修改。纳税人拒绝修改的,扣缴义务人应当报告税务机关,税务机关应当及时处理。

居民个人选择在工资薪金所得预扣预缴个人所得税时享受专项附加扣除的,纳税人填写《个人所得税专项附加扣除信息表》(表 3-2)后报送至扣缴义务人,扣缴义务人应当及时将相关信息报送税务机关。

(二) 扣缴义务人依法准确计算预扣/代扣税款

扣缴义务人在向个人支付应税所得时,应依照《个人所得税扣缴申报管理办法(试行)》(国家税务总局公告 2018 年第 61 号)规定的方法准确计算预扣或代扣税款。

居民个人向扣缴义务人提供有关信息并依法要求办理专项附加扣除的,扣缴义务人应当按照规定在工资薪金所得按月预扣预缴税款时予以扣除,不得拒绝。扣缴义务人应当按照纳税人提供的信息计算税款、办理扣缴申报,不得擅自更改纳税人提供的信息。纳税人需要享受税收协定待遇的,应当在取得应税所得时主动向扣缴义务人提出,并提交相关信息、资料,扣缴义务人代扣代缴税款时按照享受税收协定待遇有关办法办理。

(三) 扣缴义务人按时代缴税款和报送纳税申报表

扣缴义务人每月或者每次预扣、代扣的税款,应当在次月 15 日内缴入国库,并向税务机关报送《个人所得税扣缴申报表》(表 3-3)。

表 3-1 个人所得税基础信息表（A 表）（适用于扣缴义务人填报）

扣缴义务人名称：
扣缴义务人纳税人识别号（统一社会信用代码）：□□□□□□□□□□□□□□□□□□

序号	纳税人基本信息（带*必填）					任职受雇从业信息				联系方式					银行账户		投资信息		其他信息		华侨、港澳台、外籍个人信息（带*必填）				备注
	*纳税人姓名	*纳税人识别号	*身份证件类型	*身份证件号码	*出生日期	*国籍/地区	类型	职务	学历	任职受雇从业日期	离职日期	手机号码	户籍所在地	经常居住地	联系地址	电子邮箱	开户银行	银行账号	投资额（元）	投资比例	是否残疾/孤老/烈属	残疾/烈属证号	*出生地	*性别	*首次入境时间	*预计离境时间	*涉税事由	
1	2	3	4	5	6	7	8	9	10	11	12	13	14	15	16	17	18	19	20	21	22	23	24	25	26	27	28	29

谨声明：本表是根据国家税收法律法规及相关规定填报的，是真实的、可靠的、完整的。

经办人签字：
经办人身份证件号码：
代理机构签章：
代理机构统一社会信用代码：

受理人：
受理税务机关（章）：
受理日期：　年　月　日

扣缴义务人（签章）：
　年　月　日

国家税务总局监制

表 3-2 个人所得税扣缴申报表

填报日期： 年 月 日
纳税人姓名：
扣缴年度：
纳税人识别号：□□□□□□□□□□□□□□□□□□

纳税人信息	手机号码		电子邮箱	
	联系地址		配偶情况	□有配偶 □无配偶
纳税人配偶信息	姓名		身份证件号码	
	身份证件类型			

一、子女教育

	较上次报送信息是否发生变化： □首次报送（请填写全部信息） □无变化 □有变化（请填写发生变化项目的信息）			
子女一	姓名		身份证件号码	
	出生日期	年 月	身份证件类型	
	当前受教育阶段			□学前教育阶段 □义务教育 □高中阶段教育 □高等教育
	当前受教育阶段起始时间	年 月	子女教育阶段终止时间 *不再受教育时填写	年 月
	就读国家（或地区）		本人扣除比例	□100%（全额扣除）□50%（平均扣除）
子女二	姓名		身份证件号码	
	出生日期	年 月	身份证件类型	
	当前受教育阶段			□学前教育阶段 □义务教育 □高中阶段教育 □高等教育
	当前受教育阶段起始时间	年 月	子女教育阶段终止时间 *不再受教育时填写	年 月
	就读国家（或地区）		本人扣除比例	□100%（全额扣除）□50%（平均扣除）

二、继续教育

	较上次报送信息是否发生变化： □首次报送（请填写全部信息） □无变化 □有变化（请填写发生变化项目的信息）			
学历（学位）继续教育	当前继续教育起始时间	年 月	学历（学位）继续教育阶段	□本科 □硕士研究生 □博士研究生 □其他
职业资格继续教育	职业资格继续教育类型			□技能人员 □专业技术人员
	证书编号		证书名称	
			发证（批准）日期	
			发证机关	

三、住房贷款利息

	较上次报送信息是否发生变化： □首次报送（请填写全部信息） □无变化 □有变化（请填写发生变化项目的信息）			
房屋信息	住房坐落地址		省（自，市）市（区） 县（区） 街道（乡，镇）	
	产权证号/不动产登记号/商品房买卖合同号/预售合同号			
	本人是否贷款人	□是 □否	是否婚前各自首套贷款，且婚后分别扣除50%	□是 □否
房贷信息	公积金贷款｜贷款合同编号		首次还款日期	
	贷款期限（月）			
	商业贷款｜贷款合同编号		贷款银行	
	贷款期限（月）		首次还款日期	

续表

四、住房租金

较上次报送信息是否发生变化：	□首次报送（请填写全部信息）	□无变化（不需重新填写）	□有变化（请填写发生变化项目的信息）		
房屋信息	住房坐落地址	省（区、市）___ 市 ___ 县（区）___ 街道（乡、镇）___ □□□□□□			
租赁情况	出租方（个人）姓名		身份证件类型		身份证件号码 □□□□□□□□□□□□□□□□□□
	出租方（单位）名称				纳税人识别号（统一社会信用代码）□□□□□□□□□□□□□□□□□□
	主要工作城市（*填写城市一级）				住房租赁合同编号（非必项）
	租赁期起				租赁期止

五、赡养老人

较上次报送信息是否发生变化：	□首次报送（请填写全部信息）	□无变化（不需重新填写）	□有变化（请填写发生变化项目的信息）	
纳税人身份			□独生子女	□非独生子女
被赡养人一	姓名		身份证件类型	身份证件号码 □□□□□□□□□□□□□□□□□□
	出生日期		与纳税人关系	□父亲 □母亲 □其他
被赡养人二	姓名		身份证件类型	身份证件号码 □□□□□□□□□□□□□□□□□□
	出生日期		与纳税人关系	□父亲 □母亲 □其他
共同赡养人信息	姓名		身份证件类型	身份证件号码 □□□□□□□□□□□□□□□□□□
	姓名		身份证件类型	身份证件号码 □□□□□□□□□□□□□□□□□□
	姓名		身份证件类型	身份证件号码 □□□□□□□□□□□□□□□□□□
分摊方式 *独生子女不需填写	□赡养人约定分摊 □被赡养人指定分摊 □平均分摊			本年度月扣除金额

六、大病医疗（仅限综合所得年度汇算清缴申报时填写）

较上次报送信息是否发生变化：	□首次报送（请填写全部信息）	□无变化（不需重新填写）	□有变化（请填写发生变化项目的信息）	
患者一	姓名		身份证件类型	身份证件号码 □□□□□□□□□□□□□□□□□□
	医药费用总金额		与纳税人关系	□本人 □配偶 □未成年子女
	个人负担总金额			
患者二	姓名		身份证件类型	身份证件号码 □□□□□□□□□□□□□□□□□□
	医药费用总金额		与纳税人关系	□本人 □配偶 □未成年子女
	个人负担总金额			

续表

扣缴义务人名称		扣缴义务人纳税人识别号（统一社会信用代码）	

需要在职受雇单位预扣预缴工资、薪金所得个人所得税时享受专项附加扣除的，填写本栏

重要提示：当您填写本栏，表示您已同意该任职受雇单位使用本表信息为您办理专项附加扣除。

本人承诺：我已仔细阅读了填表说明，并根据《中华人民共和国个人所得税法》及其实施条例、《个人所得税专项附加扣除暂行办法》《个人所得税专项附加扣除操作办法（试行）》等相关法律法规规定填写本表。本人已就所填的扣除信息进行了核对，并对所填内容的真实性、准确性、完整性负责。

纳税人签字：　　　　　　　年　月　日

代理机构签章：	代理机构统一社会信用代码：
经办人签字：	经办人身份证件号码：

扣缴义务人签字：	受理人：	受理税务机关（章）：
经办人签字：		
接收日期：　年　月　日	受理日期：　年　月　日	

国家税务总局监制

表 3-3 个人所得税扣缴申报表

税款所属期：　年　月　日至　年　月　日

扣缴义务人名称：

扣缴义务人纳税人识别号（统一社会信用代码）：□□□□□□□□□□□□□□□□□□

金额单位：人民币元（列至角分）

序号	姓名	身份证件类型	身份证件号码	纳税人识别号	是否为非居民个人	所得项目	收入额计算		本月（次）情况							其他扣除				累计情况				累计专项附加扣除					税款计算						备注
							收入	免税收入	减除费用	专项扣除					年金	商业健康保险	税延养老保险	财产原值	允许扣除的税费	其他	累计收入额	累计减除费用	累计专项扣除	子女教育	赡养老人	住房贷款利息	住房租金	继续教育	累计其他扣除	准予扣除的捐赠额	应纳税所得额	税率/预扣率	速算扣除数	应纳税额	减免税额	已缴税额	应补/退税额	
										基本养老保险费	基本医疗保险费	失业保险费	住房公积金																	按计税比例								
1	2	3	4	5	6	7	8	9	10	11	12	13	14	15	16	17	18	19	20	21	22	23	24	25	26	27	28	29	30	31	32	33	34	35	36	37	38	39	40
合计																																							

谨声明：本表是根据国家税收法律法规及相关规定填报的，是真实的、可靠的、完整的。

经办人签字：

经办人身份证件号码：

代理机构签章：

代理机构统一社会信用代码：

扣缴义务人（签章）：

　年　月　日

受理人：

受理税务机关（章）：

受理日期：　年　月　日

国家税务总局监制

（四）扣缴义务人向纳税人提供个人所得和已扣缴税款等信息

支付工资薪金所得的扣缴义务人应当于年度终了后两个月内，向纳税人提供其个人所得和已扣缴税款等信息。纳税人年度中间需要提供上述信息的，扣缴义务人应当提供。纳税人取得除工资薪金所得以外的其他所得，扣缴义务人应当在扣缴税款后，及时向纳税人提供其个人所得和已扣缴税款等信息。

（五）扣缴义务人妥善保管纳税人信息资料

扣缴义务人对纳税人提供的《个人所得税专项附加扣除信息表》（表3-2），应当按照规定妥善保存备查。扣缴义务人应当依法对纳税人报送的专项附加扣除等相关涉税信息和资料保密。

三、扣缴义务人的纳税申报渠道

为响应综合与分类征税制改革，提高纳税服务，国家税务总局建立了局端大厅、扣缴客户端、Web端、APP端等多渠道的办税服务途径。

扣缴义务人可以通过局端大厅、扣缴客户端进行个人所得税的全员全额扣缴申报。

扣缴义务人可优先通过自然人税收管理系统扣缴客户端办理纳税申报。扣缴义务人直接通过该扣缴客户端进行相关涉税业务操作，扣缴义务人无需再往返税务机关办理，节约了扣缴义务人的办税时间，减轻了扣缴义务人的办税负担。

扣缴义务人也可以至主管税务机关办税服务厅办理，或者将填写好的申报表及相关资料邮寄至指定的税务机关。

第二节　纳税义务人的纳税申报

个人所得税的自行纳税申报，是指个人作为个人所得税的纳税义务人，自行向税务机关报送纳税申报表及相关税务资料，并缴纳税款的行为。

《关于个人所得税自行纳税申报有关问题的公告》（国家税务总局公告2018年第62号）规定纳税人需自行纳税申报的情形包括：

(1) 居民个人取得综合所得需要办理汇算清缴的纳税申报。

(2) 个体工商户业主、个人独资企业投资者、合伙企业个人合伙人、承包承租经营者个人以及其他从事生产、经营活动的个人取得经营所得的纳税申报。

(3) 纳税人取得应税所得,扣缴义务人未扣缴税款的纳税申报。

(4) 居民个人从中国境外取得所得的纳税申报。

(5) 纳税人因移居境外注销中国户籍的纳税申报。

(6) 非居民个人在中国境内从两处以上取得工资薪金所得的纳税申报。

一、居民个人取得综合所得需要办理汇算清缴的纳税申报

(一) 办理汇算清缴的适用情形

《关于个人所得税自行纳税申报有关问题的公告》(国家税务总局公告2018年第62号)规定,取得综合所得且符合下列情形之一的纳税人,应当依法办理汇算清缴:

(1) 从两处以上取得综合所得,且综合所得年收入额减除专项扣除后的余额超过6万元。

(2) 取得劳务报酬所得、稿酬所得、特许权使用费所得中一项或者多项所得,且综合所得年收入额减除专项扣除的余额超过6万元。

(3) 纳税年度内预缴税额低于应纳税额。

(4) 纳税人申请退税。

《关于办理2019年度个人所得税综合所得汇算清缴事项的公告》(国家税务总局公告2019年第44号)规定符合下列情形之一的,纳税人需要办理年度汇算:

(1) 2019年度已预缴税额大于年度应纳税额且申请退税的。包括2019年度综合所得收入额不超过6万元但已预缴个人所得税;年度中间劳务报酬、稿酬、特许权使用费适用的预扣率高于综合所得年适用税率;预缴税款时,未申报扣除或未足额扣除减除费用、专项扣除、专项附加扣除、依法确定的其他扣除或捐赠,以及未申报享受或未足额享受综合所得税收优惠等情形。

(2) 2019年度综合所得收入超过12万元且需要补税金额超过400元的。包括取得两处及以上综合所得,合并后适用税率提高导致已预缴税额小于年度应纳税额等情形。

纳税人在2019年度已依法预缴个人所得税且符合下列情形之一的,无需办理年度汇算:

(1) 纳税人年度汇算需补税但年度综合所得收入不超过12万元的。

(2) 纳税人年度汇算需补税金额不超过 400 元的。

(3) 纳税人已预缴税额与年度应纳税额一致或者不申请年度汇算退税的。

(二) 办理汇算清缴的申报时间、申报地点

需要办理汇算清缴的纳税人应当在取得所得的次年 3 月 1 日至 6 月 30 日内，向任职、受雇单位所在地主管税务机关办理纳税申报。纳税人有两处以上任职、受雇单位的，选择向其中一处任职、受雇单位所在地主管税务机关办理纳税申报；纳税人没有任职、受雇单位的，向户籍所在地或经常居住地主管税务机关办理纳税申报。

(三) 办理汇算清缴的步骤

纳税人办理汇算清缴需经历前期信息或资料的准备、纳税申报表的填写与提交、申请退税或补缴税款和办理汇算清缴后的资料留存等步骤。

1. 前期信息或资料的准备

在办理年度汇算前，纳税人需要准备好收入、"三险一金"、专项附加扣除、其他扣除（年金、符合条件的商业健康保险或税延养老保险）、捐赠、税收优惠、已纳税款等相关信息或资料，以备填报申报信息时使用。

(1) 收入信息的准备。

纳税人可向支付所得的单位或者个人（扣缴义务人）处了解，也可以通过手机个人所得税 APP、自然人电子税务局或到当地办税服务厅查询相关的收入纳税申报信息。纳税人在通过手机个人所得税 APP 或者自然人电子税务局查询本人的收入纳税记录时，如对相关数据有疑问，可就该笔收入纳税记录咨询支付单位。如果纳税人确定本人从未取得过记录中的某一项，可直接通过手机个人所得税 APP 或者自然人电子税务局就该笔记录发起申诉并进行承诺；申诉后该笔收入将不纳入纳税人的年度汇算。需要特别说明的是，如果纳税人取得了该笔收入，仅是对相关金额有异议，请不要通过上述渠道申诉，可联系支付单位请其更正。

(2) "三险一金"专项扣除信息的准备。

如果纳税人的基本养老保险、基本医疗保险、失业保险和住房公积金是通过单位缴付的（或委托单位代办的），可以查询工资条或者向单位咨询。如果纳税人是自行缴纳的，缴纳的票据上会注明"三险一金"的缴纳金额。纳税人也可以到参保地的社保经办窗口、社保自助查询机查询，或者登录国家社会保险公共服务平台(http://si.12333.gov.cn)，或者所在省社会保险网上服务平台、拨打 12333 热线服务电话等方式查询。

(3) 专项附加扣除信息的准备。

纳税人享受子女教育支出专项扣除的,且子女在境外接受教育的,应准备境外学校录取通知书、留学签证等境外教育佐证资料。

纳税人享受继续教育专项附加扣除的,应当准备职业资格相关证书等资料。

纳税人享受住房贷款利息专项附加扣除的,需要准备住房贷款合同、贷款还款支出凭证等备查资料。

纳税人享受住房租金专项附加扣除的,需要准备住房租赁合同或协议等备查资料。

纳税人享受赡养老人专项附加扣除的,需要准备约定或指定分摊的书面分摊协议等备查资料。

纳税人享受大病医疗专项附加扣除的,可以手机下载官方"国家医保服务平台",通过首页"个人所得税大病医疗专项附加扣除"模块查询。其中,查询信息中显示的"符合大病医疗个税抵扣政策金额"即为可扣除金额。根据政策规定,与基本医保相关的医药费用支出扣除医保报销后个人负担金额超过15 000元的部分,在80 000元限额内可据实扣除。如某纳税人查询本人"年度个人自付总金额"为90 000元,则"符合大病医疗个税抵扣政策金额"为75 000元。

(4) 其他扣除信息的准备。

纳税人的企业年金(职业年金)信息,可查询工资条或者咨询单位财务人员。符合条件的商业健康险或税延养老保险,纳税人可查询缴纳保费时的相应单据,或者咨询购买保险的保险公司。

(5) 捐赠信息的准备。

纳税人进行公益性捐赠时应取得符合条件的捐赠凭证。捐赠凭证为公益性社会组织、县级以上人民政府及其部门等国家机关在接受捐赠时,开具的由财政部或者省、自治区、直辖市财政部门监(印)的公益事业捐赠票据。需要注意的是,该票据需接受捐赠单位加盖印章。纳税人可以查询捐赠时取得的捐赠凭证,以获取捐赠信息。

(6) 预扣预缴税款信息的准备。

纳税人获取被预扣预缴税款的信息有以下途径:一是从扣缴义务人处获得。纳税人可在每月(次)领取收入后向其问询或索要凭据(如工资条),或者在次年2月底前请扣缴义务人提供相关支付所得和已扣缴税款等信息;二是可以通过手机个人所得税APP或者自然人电子税务局查询。

2. 纳税申报表的填写与提交

(1) 纳税人选择网络方式申报的,可以通过手机个人所得税APP、自然人电子税务局直接填报相关信息,生成申报数据。纳税人不需要再填写纸质申报表。

（2）纳税人选择非网络申报方式的（办税服务厅、邮寄申报），需要填写《个人所得税年度自行纳税申报表》。该表分为A表、B表、简易版和问答版四种，纳税人可以根据自己的实际情况选择其一填报即可。需要办理专项附加扣除、依法确定的其他扣除的，应当向税务机关报送《个人所得税专项附加扣除信息表》《商业健康保险税前扣除情况明细表》《个人税收递延型商业养老保险税前扣除情况明细表》等。纳税人可以登录国家税务总局网站（http://www.chinatax.gov.cn/）下载或到办税服务厅领取。

① 如果纳税人能确定本人年度综合所得全年收入额不超过6万元且需要申请退税，可以填报《个人所得税年度自行纳税申报表（简易版）》（表3-4），只需确认已预缴税额、填写本人银行账户信息，即可快捷申请退税。

表3-4　个人所得税年度自行纳税申报表（简易版）

（纳税年度：20＿＿＿＿）

一、填表须知

填写本表前，请仔细阅读以下内容：
　　1. 如果您年综合所得收入额不超过6万元且在纳税年度内未取得境外所得的，可以填写本表；
　　2. 您可以在纳税年度的次年3月1日至5月31日使用本表办理汇算清缴申报，并在该期限内申请退税；
　　3. 建议您下载并登录个人所得税APP，或者直接登录税务机关官方网站在线办理汇算清缴申报，体验更加便捷的申报方式；
　　4. 如果您对于申报填写的内容有疑问，您可以参考相关办税指引，咨询您的扣缴单位、专业人士，或者拨打12366纳税服务热线。
　　5. 以纸质方式报送本表的，建议通过计算机填写打印，一式两份，纳税人、税务机关各留存一份。

二、个人基本情况

1. 姓名	
2. 公民身份号码/纳税人识别号	□□□□□□□□□□□□□□□□－□□（无校验码不填后两位）
说明：有中国公民身份号码的，填写中华人民共和国居民身份证上载明的"公民身份号码"；没有中国公民身份号码的，填写税务机关赋予的纳税人识别号。	
3. 手机号码	□□□□□□□□□□□
提示：中国境内有效手机号码，请准确填写，以方便与您联系。	
4. 电子邮箱	

续表

5. 联系地址	_____省(区、市)_____市_____区(县)_____街道(乡、镇)_____
提示:能够接收信件的有效通信地址。	
6. 邮政编码	□□□□□□

三、纳税地点(单选)

1. 有任职受雇单位的,需选本项并填写"任职受雇单位信息":	□ 任职受雇单位所在地	
任职受雇单位信息	名称	
	纳税人识别号	□□□□□□□□□□□□□□□□□□
2. 没有任职受雇单位的,可以从本栏次选择一地:	□ 户籍所在地 □ 经常居住地	
户籍所在地/经常居住地	_____省(区、市)_____市_____区(县)_____街道(乡、镇)_____	

四、申报类型

请您选择本次申报类型,未曾办理过年度汇算申报,勾选"首次申报";已办理过年度汇算申报,但有误需要更正的,勾选"更正申报":

□首次申报　　　　　　　　□更正申报

五、纳税情况

已缴税额	□□,□□□.□□(元)

纳税年度内取得综合所得时,扣缴义务人预扣预缴以及个人自行申报缴纳的个人所得税。

六、退税申请

1. 是否申请退税?	□申请退税【选择此项的,填写个人账户信息】　　□放弃退税
2. 个人账户信息	开户银行名称:_____ 开户银行省份:_____ 银行账号:_____

说明:开户银行名称填写居民个人在中国境内开立银行账户的银行名称。

七、备注

如果您有需要特别说明或者税务机关要求说明的事项,请在本栏填写:

续表

八、承诺及申报受理

谨声明:
  1. 本人纳税年度内取得的综合所得收入额合计不超过6万元。
  2. 本表是根据国家税收法律法规及相关规定填报的,本人对填报内容(附带资料)的真实性、可靠性、完整性负责。

　　　　　　　　　　　　　　　　　　　　　纳税人签名:　　　年　月　日

经办人签字:	受理人:
经办人身份证件类型:	
经办人身份证件号码:	受理税务机关(章):
代理机构签章:	
代理机构统一社会信用代码:	受理日期:　　　年　月　日

国家税务总局监制

② 如果纳税人不符合填报简易版申报表的条件,也不太了解个人所得税有关政策规定,建议纳税人选用《个人所得税年度自行纳税申报表(问答版)》(表3-5)。

表3-5　个人所得税年度自行纳税申报表(问答版)
(纳税年度:20_____)

一、填表须知

填写本表前,请仔细阅读以下内容:
  1. 如果您需要办理个人所得税综合所得汇算清缴,并且未在纳税年度内取得境外所得的,可以填写本表;
  2. 您需要在纳税年度的次年3月1日至6月30日办理汇算清缴申报,并在该期限内补缴税款或者申请退税;
  3. 建议您下载并登录个人所得税APP,或者直接登录税务机关官方网站在线办理汇算清缴申报,体验更加便捷的申报方式;
  4. 如果您对于申报填写的内容有疑问,您可以参考相关办税指引,咨询您的扣缴单位、专业人士,或者拨打12366纳税服务热线;
  5. 以纸质方式报送本表的,建议通过计算机填写打印,一式两份,纳税人、税务机关各留存一份。

二、基本情况

1. 姓　　　名	
2. 公民身份号码/纳税人识别号	□□□□□□□□□□□□□□□□−□□(无校验码不填后两位)

续表

说明:有中国公民身份号码的,填写中华人民共和国居民身份证上载明的"公民身份号码";没有中国公民身份号码的,填写税务机关赋予的纳税人识别号。
3. 手机号码　□□□□□□□□□□□
提示:中国境内有效手机号码,请准确填写,以方便与您联系。
4. 电子邮箱
5. 联系地址　＿＿＿省(区、市)＿＿＿市＿＿＿区(县)＿＿街道(乡、镇)＿＿＿＿＿
提示:能够接收信件的有效通信地址。
6. 邮政编码　□□□□□□

三、纳税地点

7. 您是否有任职受雇单位,并取得工资薪金?(单选)
□有任职受雇单位(需要回答问题8)　　　□没有任职受雇单位(需要回答问题9)
8. 如果您有任职受雇单位,您可以选择一处任职受雇单位所在地办理汇算清缴,请提供该任职受雇单位的具体情况:
任职受雇单位名称(全称):＿＿＿＿＿＿＿＿＿＿＿＿＿＿＿＿＿＿＿＿＿＿＿＿＿
任职受雇单位纳税人识别号:□□□□□□□□□□□□□□□□□□
9. 如果您没有任职受雇单位,您可以选择在以下地点办理汇算清缴:(单选)
□户籍所在地　　　　　　　　□经常居住地
具体地址:＿＿＿＿＿省(区、市)＿＿＿＿＿市＿＿＿＿＿区(县)＿＿＿＿＿街道(乡、镇)＿＿＿＿＿＿＿＿＿
说明:1. 户籍所在地是指居民户口簿中登记的地址。 　　 2. 经常居住地是指居民个人申领居住证上登载的居住地址,若没有申领居住证,指居民个人当前实际居住的地址;若居民个人不在中国境内的,指支付或者实际负担综合所得的境内单位或个人所在地。

四、申报类型

10. 未曾办理过年度汇算申报,勾选"首次申报";已办理过年度汇算申报,但有误需要更正的,勾选"更正申报":
□首次申报　　　　　　　　□更正申报

续表

五、收入-A(工资薪金)

11. 您在纳税年度内取得的工资薪金收入有多少?

(A1) 工资薪金收入(包括并入综合所得计算的全年一次性奖金):□□,□□□,□□□,□□□.□□(元)　□无此类收入

说明:
（1）工资薪金是指,个人因任职或者受雇,取得的工资薪金收入。包括工资薪金、奖金、年终加薪、劳动分红、津贴、补贴以及与任职或者受雇有关的其他收入。全年一次性奖金是指,行政机关、企事业单位等扣缴义务人根据其全年经济效益和对雇员全年工作业绩的综合考核情况,向雇员发放的一次性奖金。包括年终加薪、实行年薪制和绩效工资办法的单位根据考核情况兑现的年薪和绩效工资。

（2）全年一次性奖金可以单独计税,也可以并入综合所得计税。具体方法请查阅财税〔2018〕164号文件规定。选择何种方式计税对您更为有利,可以咨询专业人士。

（3）工资薪金收入不包括单独计税的全年一次性奖金。

六、收入-A(劳务报酬)

12. 您在纳税年度内取得的劳务报酬收入有多少?

(A2) 劳务报酬收入:□□,□□□,□□□,□□□.□□(元)　□无此类收入

说明: 劳务报酬收入是指,个人从事设计、装潢、安装、制图、化验、测试、医疗、法律、会计、咨询、讲学、翻译、审稿、书画、雕刻、影视、录音、录像、演出、表演、广告、展览、技术服务、介绍服务、经纪服务、代办服务以及其他劳务取得的收入。

七、收入-A(稿酬)

13. 您在纳税年度内取得的稿酬收入有多少?

(A3) 稿酬收入:□□,□□□,□□□,□□□.□□(元)　□无此类收入

说明: 稿酬收入是指,个人作品以图书、报刊等形式出版、发表而取得的收入。

八、收入-A(特许权使用费)

14. 您在纳税年度内取得的特许权使用费收入有多少?

(A4) 特许权使用费收入:□□,□□□,□□□,□□□.□□(元)　□无此类收入

说明: 特许权使用费收入是指,个人提供专利权、商标权、著作权、非专利技术以及其他特许权的使用权取得的收入。

续表

九、免税收入-B

15. 您在纳税年度内取得的综合所得收入中,免税收入有多少?(需附报《个人所得税减免税事项报告表》)

(B1) 免税收入:□□,□□□,□□□,□□□.□□(元)   □无此类收入

提示:免税收入是指按照税法规定免征个人所得税的收入。其中,税法规定"稿酬所得的收入额减按70%计算",对稿酬所得的收入额减计30%的部分无需填入本项,将在后续计算中扣减该部分。

十、专项扣除-C

16. 您在纳税年度内个人负担的,按规定可以在税前扣除的基本养老保险费、基本医疗保险费、失业保险费、住房公积金是多少?

(C1) 基本养老保险费:□□□,□□□.□□(元)   □无此类扣除
(C2) 基本医疗保险费:□□□,□□□.□□(元)   □无此类扣除
(C3) 失业保险费: □□□,□□□.□□(元)   □无此类扣除
(C4) 住房公积金: □□□,□□□.□□(元)   □无此类扣除

说明:个人实际负担的三险一金可以扣除。

十一、专项附加扣除-D

17. 您在纳税年度内可以扣除的子女教育支出是多少?(需附报《个人所得税专项附加扣除信息表》)

(D1) 子女教育:□□□,□□□.□□(元)   □无此类扣除

说明:

  子女教育支出可扣除金额(D1)=每一子女可扣除金额合计;

  每一子女可扣除金额=纳税年度内符合条件的扣除月份数×1 000元×扣除比例。

  纳税年度内符合条件的扣除月份数包括子女年满3周岁当月起至受教育前一月、实际受教育月份以及寒暑假休假月份等。

  扣除比例:由夫妻双方协商确定,每一子女可以在本人或配偶处按照100%扣除,也可由双方分别按照50%扣除。

18. 您在纳税年度内可以扣除的继续教育支出是多少?(需附报《个人所得税专项附加扣除信息表》)

(D2) 继续教育:□□□,□□□.□□(元)   □无此类扣除

续表

说明：
继续教育支出可扣除金额(D2)＝学历(学位)继续教育可扣除金额＋职业资格继续教育可扣除金额；
学历(学位)继续教育可扣除金额＝纳税年度内符合条件的扣除月份数×400元；
纳税年度内符合条件的扣除月份数包括受教育月份、寒暑假休假月份等，但同一学历(学位)教育扣除期限不能超过48个月；
纳税年度内，个人取得符合条件的技能人员、专业技术人员相关职业资格证书的，职业资格继续教育可扣除金额＝3 600元。

19. 您在纳税年度内可以扣除的大病医疗支出是多少？（需附报《个人所得税专项附加扣除信息表》）

(D3) 大病医疗：□,□□□,□□□.□□(元)　　　　　　　　□无此类扣除

说明：
大病医疗支出可扣除金额(D3)＝选择由您扣除的每一家庭成员的大病医疗可扣除金额合计；
某一家庭成员的大病医疗可扣除金额(不超过80 000元)＝纳税年度内医保目录范围内的自付部分－15 000元；
家庭成员包括个人本人、配偶、未成年子女。

20. 您在纳税年度内可以扣除的住房贷款利息支出是多少？（需附报《个人所得税专项附加扣除信息表》）

(D4) 住房贷款利息：□□,□□□.□□(元)　　　　　　　　□无此类扣除

说明：
住房贷款利息支出可扣除金额(D4)＝符合条件的扣除月份数×扣除定额。
符合条件的扣除月份数为纳税年度内实际贷款月份数。
扣除定额：正常情况下，由夫妻双方协商确定，由其中1人扣除1 000元/月；婚前各自购房，均符合扣除条件的，婚后可选择由其中1人扣除1 000元/月，也可以选择各自扣除500元/月。

21. 您在纳税年度内可以扣除的住房租金支出是多少？（需附报《个人所得税专项附加扣除信息表》）

(D5) 住房租金：□□,□□□.□□(元)　　　　　　　　□无此类扣除

续表

说明:
　　住房租金支出可扣除金额(D5)=纳税年度内租房月份的月扣除定额之和
　　月扣除定额:直辖市、省会(首府)城市、计划单列市以及国务院确定的其他城市,扣除标准为1 500元/月;市辖区户籍人口超过100万的城市,扣除标准为1 100元/月;市辖区户籍人口不超过100万的城市,扣除标准为800元/月。

22. 您在纳税年度内可以扣除的赡养老人支出是多少?(需附报《个人所得税专项附加扣除信息表》)

(D6)赡养老人:□□,□□□.□□(元)　　　　　　　　□无此类扣除

说明:
　　赡养老人支出可扣除金额(D6)=纳税年度内符合条件的月份数×月扣除定额
　　符合条件的月份数:纳税年度内满60岁的老人,自满60岁当月起至12月份计算;纳税年度前满60岁的老人,按照12个月计算。
　　月扣除定额:独生子女,月扣除定额2 000元/月;非独生子女,月扣除定额由被赡养人指定分摊,也可由赡养人均摊或约定分摊,但每月不超过1 000元/月。

十二、其他扣除-E

23. 您在纳税年度内可以扣除的企业年金、职业年金是多少?

(E1)年金:□□□,□□□.□□(元)　　　　　　　　□无此类扣除

24. 您在纳税年度内可以扣除的商业健康保险是多少?(需附报《商业健康保险税前扣除情况明细表》)

(E2)商业健康保险:□,□□□.□□(元)　　　　　　□无此类扣除

25. 您在纳税年度内可以扣除的税收递延型商业养老保险是多少?(需附报《个人税收递延型商业养老保险税前扣除情况明细表》)

(E3)税延养老保险:□□,□□□.□□(元)　　　　　□无此类扣除

26. 您在纳税年度内可以扣除的税费是多少?

(E4)允许扣除的税费:□□,□□□,□□□.□□(元)　　□无此类扣除

说明: 允许扣除的税费是指,个人取得劳务报酬、稿酬、特许权使用费收入时,发生的合理税费支出。

27. 您在纳税年度内发生的除上述扣除以外的其他扣除是多少?

(E5)其他扣除:□□,□□□,□□□.□□(元)　　　　□无此类扣除

提示: 其他扣除(其他)包括保险营销员、证券经纪人佣金收入的展业成本。

续表

十三、捐赠 - F

28. 您在纳税年度内可以扣除的捐赠支出是多少？（需附报《个人所得税公益慈善事业捐赠扣除明细表》）
(F1) 准予扣除的捐赠额：□□□,□□□,□□□.□□（元）　　　　　□无此类扣除

十四、全年一次性奖金 - G

29. 您在纳税年度内取得的一笔要转换为全年一次性奖金的数月奖金是多少？
(G1) 全年一次性奖金：□□,□□□,□□□,□□□.□□（元）　　　□无此类情况
(G2) 全年一次性奖金应纳个人所得税 = G1×适用税率－速算扣除数 = □□,□□□,□□□,□□□.□□（元）
说明：仅适用于无住所居民个人预缴时因预判为非居民个人而按取得数月奖金计算缴税，汇缴时可以根据自身情况，将一笔数月奖金按照全年一次性奖金单独计算。

十五、税额计算 - H（使用纸质申报的居民个人需要自行计算填写本项）

30. 综合所得应纳个人所得税计算
(H1) 综合所得应纳个人所得税 = [(A1+A2×80%+A3×80%×70%+A4×80%)－B1－60000－(C1+C2+C3+C4)－(D1+D2+D3+D4+D5+D6)－(E1+E2+E3+E4+E5)－F1]×适用税率－速算扣除数 = □□,□□□,□□□,□□□.□□（元）

说明：适用税率和速算扣除数如下

级数	全年应纳税所得额	税率(%)	速算扣除数
1	不超过 36 000 元的	3	0
2	超过 36 000 元至 144 000 元的	10	2 520
3	超过 144 000 元至 300 000 元的	20	16 920
4	超过 300 000 元至 420 000 元的	25	31 920
5	超过 420 000 元至 660 000 元的	30	52 920
6	超过 660 000 元至 960 000 元的	35	85 920
7	超过 960 000 元至 144 000 元的	45	181 920

十六、减免税额 - J

31. 您可以享受的减免税类型有哪些？
□残疾　□孤老　□烈属　□其他（需附报《个人所得税减免税事项报告表》）　　□无此类情况
32. 您可以享受的减免税金额是多少？
(J1) 减免税额：□□,□□□,□□□,□□□.□□（元）　　　　　　　　　　□无此类情况

续表

十七、已缴税额-K

33. 您在纳税年度内取得本表填报的各项收入时,已经缴纳的个人所得税是多少?

(K1) 已纳税额:□□,□□□,□□□,□□□.□□(元)　　　□无此类情况

十八、应补/退税额-L(使用纸质申报的居民个人需要自行计算填写本项)

34. 您本次汇算清缴应补/退的个人所得税税额是:

(L1) 应补/退税额＝G2＋H1－J1－K1＝□□,□□□,□□□,□□□.□□(元)

十九、无住所个人附报信息(有住所个人无需填写本项)

35. 您在纳税年度内,在中国境内的居住天数是多少?

纳税年度内在中国境内居住天数:_____天。

36. 您在中国境内的居住年数是多少?

中国境内居住年数:____年。

说明:境内居住年数自 2019 年(含)以后年度开始计算。境内居住天数和年数的具体计算方法参见财政部 税务总局公告 2019 年第 34 号。

二十、退税申请(应补/退税额小于 0 的填写本项)

37. 您是否申请退税?

□申请退税　□放弃退税

38. 如果您申请退税,请提供您的有效银行账户

开户银行名称:_____　开户银行省份:_____

银行账号:_____

说明:开户银行名称填写居民个人在中国境内开立银行账户的银行名称。

二十一、备注

如果您有需要特别说明或者税务机关要求说明的事项,请在本栏填写:

二十二、申报受理

谨声明:本表是根据国家税收法律法规及相关规定填报的,本人对填报内容(附带资料)的真实性、可靠性、完整性负责。

个人签名:_____　　　____年____月____日

续表

经办人签字： 经办人身份证件类型： 经办人身份证件号码： 代理机构签章： 代理机构统一社会信用代码：	受理人： 受理税务机关(章)： 受理日期：　　年　　月　　日

国家税务总局监制

③ 如果纳税人掌握一定的个人所得税知识，可以选用《个人所得税年度自行纳税申报表(A 表)》(表 3-6)填报。

表 3-6 个人所得税年度自行纳税申报表(A 表)
（仅取得境内综合所得年度汇算适用）

税款所属期：　　年　　月　　日至　　年　　月　　日

纳税人姓名：

纳税人识别号：□□□□□□□□□□□□□□□□□-□□　　金额单位：人民币元(列至角分)

基本情况					
手机号码		电子邮箱		邮政编码	□□□□□□
联系地址	＿＿＿省(区、市)＿＿＿市＿＿＿区(县)＿＿＿＿＿＿＿街道(乡、镇)＿＿＿＿＿＿＿				
纳税地点(单选)					
1. 有任职受雇单位的，需选本项并填写"任职受雇单位信息"：			□任职受雇单位所在地		
任职受雇单位信息	名称				
	纳税人识别号	□□□□□□□□□□□□□□□□□			
2. 没有任职受雇单位的，可以从本栏次选择一地：			□户籍所在地　　　　□经常居住地		
户籍所在地/经常居住地	＿＿＿省(区、市)＿＿＿市＿＿＿区(县)＿＿＿＿＿＿＿街道(乡、镇)＿＿＿＿＿＿＿				
申报类型(单选)					
□首次申报　　　　　　　　　　　□更正申报					
综合所得个人所得税计算					

续表

金额	项目	行次
一、收入合计(第1行＝第2行＋第3行＋第4行＋第5行)	1	
（一）工资薪金	2	
（二）劳务报酬	3	
（三）稿酬	4	
（四）特许权使用费	5	
二、费用合计［第6行＝(第3行＋第4行＋第5行)×20％］	6	
三、免税收入合计(第7行＝第8行＋第9行)	7	
（一）稿酬所得免税部分［第8行＝第4行×(1－20％)×30％］	8	
（二）其他免税收入(附报《个人所得税减免税事项报告表》)	9	
四、减除费用	10	
五、专项扣除合计(第11行＝第12行＋第13行＋第14行＋第15行)	11	
（一）基本养老保险费	12	
（二）基本医疗保险费	13	
（三）失业保险费	14	
（四）住房公积金	15	
六、专项附加扣除合计(附报《个人所得税专项附加扣除信息表》) (第16行＝第17行＋第18行＋第19行＋第20行＋第21行＋第22行)	16	
（一）子女教育	17	
（二）继续教育	18	
（三）大病医疗	19	
（四）住房贷款利息	20	
（五）住房租金	21	
（六）赡养老人	22	
七、其他扣除合计(第23行＝第24行＋第25行＋第26行＋第27行＋第28行)	23	
（一）年金	24	
（二）商业健康保险(附报《商业健康保险税前扣除情况明细表》)	25	
（三）税延养老保险(附报《个人税收递延型商业养老保险税前扣除情况明细表》)	26	

续表

（四）允许扣除的税费	27	
（五）其他	28	
八、准予扣除的捐赠额（附报《个人所得税公益慈善事业捐赠扣除明细表》）	29	
九、应纳税所得额 （第30行＝第1行－第6行－第7行－第10行－第11行－第16行－第23行－第29行）	30	
十、税率(%)	31	
十一、速算扣除数	32	
十二、应纳税额(第33行＝第30行×第31行－第32行)	33	
全年一次性奖金个人所得税计算 （无住所居民个人预判为非居民个人取得的数月奖金，选择按全年一次性奖金计税的填写本部分）		
一、全年一次性奖金收入	34	
二、准予扣除的捐赠额（附报《个人所得税公益慈善事业捐赠扣除明细表》）	35	
三、税率(%)	36	
四、速算扣除数	37	
五、应纳税额[第38行＝(第34行－第35行)×第36行－第37行]	38	
税额调整		
一、综合所得收入调整额（需在"备注"栏说明调整具体原因、计算方式等）	39	
二、应纳税额调整额	40	
应补/退个人所得税计算		
一、应纳税额合计(第41行＝第33行＋第38行＋第40行)	41	
二、减免税额（附报《个人所得税减免税事项报告表》）	42	
三、已缴税额	43	
四、应补/退税额(第44行＝第41行－第42行－第43行)	44	
无住所个人附报信息		
纳税年度内在中国境内居住天数	已在中国境内居住年数	
退税申请 （应补/退税额小于0的填写本部分）		

续表

☐ 申请退税（需填写"开户银行名称""开户银行省份""银行账号"） ☐ 放弃退税			
开户银行名称		开户银行省份	
银行账号			
备注			
谨声明：本表是根据国家税收法律法规及相关规定填报的，本人对填报内容（附带资料）的真实性、可靠性、完整性负责。			
纳税人签字：		年　月　日	
经办人签字： 经办人身份证件类型： 经办人身份证件号码： 代理机构签章： 代理机构统一社会信用代码：		受理人： 受理税务机关（章）： 受理日期：　　年　月　日	

国家税务总局监制

④ 如果纳税人办理年度汇算时，还有需要申报的境外所得，则需填报《个人所得税年度自行纳税申报表（B 表）》（表 3-7），申报本表时应当一并附报《境外所得个人所得税抵免明细表》。

表 3-7　个人所得税年度自行纳税申报表（B 表）

（居民个人取得境外所得适用）

税款所属期：　　年　月　日至　　年　月　日

纳税人姓名：

纳税人识别号：☐☐☐☐☐☐☐☐☐☐☐☐☐☐☐☐☐-☐☐　　金额单位：人民币元（列至角分）

基本情况		
手机号码	电子邮箱	邮政编码　☐☐☐☐☐☐
联系地址	＿＿省（区、市）＿＿市＿＿区（县）＿＿＿＿＿街道（乡、镇）＿＿＿＿＿	
纳税地点（单选）		
1. 有任职受雇单位的，需选本项并填写"任职受雇单位信息"：	☐任职受雇单位所在地	

续表

任职受雇单位信息	名称			
	纳税人识别号	□□□□□□□□□□□□□□□□□□		
2.没有任职受雇单位的,可以从本栏次选择一地:			□户籍所在地	□经常居住地
户籍所在地/经常居住地	＿＿＿省(区、市)＿＿＿市＿＿＿区(县)＿＿＿＿＿＿＿街道(乡、镇)＿＿＿＿＿＿			
申报类型(单选)				
□首次申报			□更正申报	

综合所得个人所得税计算

项目	行次	金额
一、境内收入合计(第1行＝第2行＋第3行＋第4行＋第5行)	1	
（一）工资薪金	2	
（二）劳务报酬	3	
（三）稿酬	4	
（四）特许权使用费	5	
二、境外收入合计(附报《境外所得个人所得税抵免明细表》) (第6行＝第7行＋第8行＋第9行＋第10行)	6	
（一）工资薪金	7	
（二）劳务报酬	8	
（三）稿酬	9	
（四）特许权使用费	10	
三、费用合计[第11行＝(第3行＋第4行＋第5行＋第8行＋第9行＋第10行)×20％]	11	
四、免税收入合计(第12行＝第13行＋第14行)	12	
（一）稿酬所得免税部分[第13行＝(第4行＋第9行)×(1－20％)×30％]	13	
（二）其他免税收入(附报《个人所得税减免税事项报告表》)	14	
五、减除费用	15	
六、专项扣除合计(第16行＝第17行＋第18行＋第19行＋第20行)	16	
（一）基本养老保险费	17	
（二）基本医疗保险费	18	

续表

（三）失业保险费	19
（四）住房公积金	20
七、专项附加扣除合计（附报《个人所得税专项附加扣除信息表》） （第21行＝第22行＋第23行＋第24行＋第25行＋第26行＋第27行）	21
（一）子女教育	22
（二）继续教育	23
（三）大病医疗	24
（四）住房贷款利息	25
（五）住房租金	26
（六）赡养老人	27
八、其他扣除合计（第28行＝第29行＋第30行＋第31行＋第32行＋第33行）	28
（一）年金	29
（二）商业健康保险（附报《商业健康保险税前扣除情况明细表》）	30
（三）税延养老保险（附报《个人税收递延型商业养老保险税前扣除情况明细表》）	31
（四）允许扣除的税费	32
（五）其他	33
九、准予扣除的捐赠额（附报《个人所得税公益慈善事业捐赠扣除明细表》）	34
十、应纳税所得额 （第35行＝第1行＋第6行－第11行－第12行－第15行－第16行－第21行－第28行－第34行）	35
十一、税率（%）	36
十二、速算扣除数	37
十三、应纳税额（第38行＝第35行×第36行－第37行）	38
除综合所得外其他境外所得个人所得税计算 （无相应所得不填本部分，有相应所得另需附报《境外所得个人所得税抵免明细表》）	

续表

一、经营所得	（一）经营所得应纳税所得额（第39行＝第40行＋第41行）	39	
	其中：境内经营所得应纳税所得额	40	
	境外经营所得应纳税所得额	41	
	（二）税率(%)	42	
	（三）速算扣除数	43	
	（四）应纳税额（第44行＝第39行×第42行－第43行）	44	
二、利息、股息、红利所得	（一）境外利息、股息、红利所得应纳税所得额	45	
	（二）税率(%)	46	
	（三）应纳税额（第47行＝第45行×第46行）	47	
三、财产租赁所得	（一）境外财产租赁所得应纳税所得额	48	
	（二）税率(%)	49	
	（三）应纳税额（第50行＝第48行×第49行）	50	
四、财产转让所得	（一）境外财产转让所得应纳税所得额	51	
	（二）税率(%)	52	
	（三）应纳税额（第53行＝第51行×第52行）	53	
五、偶然所得	（一）境外偶然所得应纳税所得额	54	
	（二）税率(%)	55	
	（三）应纳税额（第56行＝第54行×第55行）	56	
六、其他所得	（一）其他境内、境外所得应纳税所得额合计（需在"备注"栏说明具体项目）	57	
	（二）应纳税额	58	

股权激励个人所得税计算		
（无境外股权激励所得不填本部分，有相应所得另需附报《境外所得个人所得税抵免明细表》）		
一、境内、境外单独计税的股权激励收入合计	59	
二、税率(%)	60	
三、速算扣除数	61	
四、应纳税额（第62行＝第59行×第60行－第61行）	62	

全年一次性奖金个人所得税计算		
（无住所个人预判为非居民个人取得的数月奖金，选择按全年一次性奖金计税的填写本部分）		
一、全年一次性奖金收入	63	

续表

二、准予扣除的捐赠额（附报《个人所得税公益慈善事业捐赠扣除明细表》）	64
三、税率（%）	65
四、速算扣除数	66
五、应纳税额[第67行＝（第63行－第64行）×第65行－第66行]	67
税额调整	
一、综合所得收入调整额（需在"备注"栏说明调整具体原因、计算方法等）	68
二、应纳税额调整额	69
应补/退个人所得税计算	
一、应纳税额合计 　　（第70行＝第38行＋第44行＋第47行＋第50行＋第53行＋第56行＋第58行＋第62行＋第67行＋第69行）	70
二、减免税额（附报《个人所得税减免税事项报告表》）	71
三、已缴税额（境内）	72
其中：境外所得境内支付部分已缴税额	73
境外所得境外支付部分预缴税额	74
四、境外所得已纳所得税抵免额（附报《境外所得个人所得税抵免明细表》）	75
五、应补/退税额（第76行＝第70行－第71行－第72行－第75行）	76

无住所个人附报信息			
纳税年度内在中国境内居住天数		已在中国境内居住年数	

退税申请 （应补/退税额小于0的填写本部分）
□ 申请退税（需填写"开户银行名称""开户银行省份""银行账号"） □ 放弃退税

开户银行名称		开户银行省份	
银行账号			

备注

续表

谨声明:本表是根据国家税收法律法规及相关规定填报的,本人对填报内容(附带资料)的真实性、可靠性、完整性负责。	
纳税人签字：　　　　　　　年　　月　　日	
经办人签字： 经办人身份证件类型： 经办人身份证件号码： 代理机构签章： 代理机构统一社会信用代码：	受理人： 受理税务机关(章)： 受理日期：　　　年　　月　　日

国家税务总局监制

3. 申请退税或补缴税款

退税是纳税人的权利。从充分保障纳税人权益的角度出发,只要纳税人年度内已预缴税额高于年度应纳税额,无论收入高低,无论退税额多少,纳税人都可以申请退税。常见情形有：

(1) 年度综合所得年收入额不足6万元,但平时预缴过个人所得税的。

(2) 年度有符合条件的专项附加扣除,但预缴税款时没有申报扣除的。

(3) 因年中就业、退职或者部分月份没有收入等原因,减除费用6万元、"三险一金"等专项扣除、子女教育等专项附加扣除、企业(职业)年金以及商业健康保险、税收递延型养老保险等扣除不充分的。

(4) 没有任职受雇单位,仅取得劳务报酬、稿酬、特许权使用费所得,需要通过年度汇算办理各种税前扣除的。

(5) 纳税人取得劳务报酬、稿酬、特许权使用费所得,年度中间适用的预扣率高于全年综合所得年适用税率的。

(6) 预缴税款时,未申报享受或者未足额享受综合所得税收优惠的,如残疾人减征个人所得税优惠等。

(7) 有符合条件的公益慈善捐赠支出,但预缴税款时未办理扣除的。

补税是纳税人的义务。如果纳税人年度预缴税额低于应纳税额,且不符合国务院规定豁免汇算义务情形的(综合所得年度不超过12万元或者2019年度补税金额不超过400元的),均应当办理年度汇算补税。常见情形有：

(1) 在两个以上单位任职受雇并领取工资薪金,预缴税款时重复扣除了基本减除费用(5 000元/月)。

(2) 除工资薪金外,还有劳务报酬、稿酬、特许权使用费,各项综合所得的收入加总后,导致适用综合所得年税率高于预扣率。

(3) 预扣预缴时扣除了不该扣除的项目,或者扣除金额超过规定标准,年度合并计税时因调减扣除额导致应纳税所得额增加。

(4) 纳税人取得综合所得,因扣缴义务人未依法申报收入并预扣预缴税款,需补充申报收入等。

4. 办理汇算清缴后的资料留存

纳税人办理综合所得汇算清缴,应当准备与收入、专项扣除、专项附加扣除、依法确定的其他扣除、捐赠、享受税收优惠、已预缴税款、补退税款等相关信息资料,并按规定留存备查或报送。年度汇算清缴结束后,纳税人的汇算资料需要留存5年。

(四) 办理汇算清缴的方式

纳税人准备好信息和资料后,可以自己办理年度汇算,也可以选择由所在单位代为办理年度汇算,还可以请涉税专业服务机关、其他单位和个人代为办理年度汇算。

一是自己办,即纳税人自行办理。纳税人可以通过手机个人所得税 APP、自然人电子税务局等渠道自行办理年度汇算。

二是单位办,即请任职受雇单位办理。纳税人可以通过取得工资薪金或连续性取得劳务报酬所得的扣缴义务人代为办理。纳税人向扣缴义务人提出代办要求的,扣缴义务人应当代为办理,或者培训、辅导纳税人通过手机个人所得税 APP、自然人电子税务局完成年度汇算申报和退(补)税。纳税人不得同时选择多个扣缴义务人代您办理汇算清缴。

纳税人请任职受雇单位办理,应做到以下几点:

(1) 年度终了后的 4 月 30 日前与扣缴义务人进行书面确认;逾期未确认的,扣缴义务人不再为纳税人集中办理。

(2) 纳税人必须真实、完整、准确地向扣缴义务人提供综合所得相关收入、扣除、优惠等涉税信息。

(3) 纳税人如申请退税,需准确提供本人有效且符合条件的银行账户;如需补缴税款,及时将税款交付扣缴义务人。

三是请人办,即委托涉税专业服务机构或其他单位及个人办理。选择这种方式,纳税人需要与受托人签订委托授权书。

（五）纳税人自己办理汇算清缴的渠道

为便利纳税人，税务机关为纳税人提供高效、快捷的网络远程办税渠道。纳税人可优先通过手机个人所得税 APP、自然人电子税务局办理年度汇算。手机个人所得税 APP 和自然人电子税务局的数据实时同步、信息共享。税务机关将按规定为纳税人提供申报表预填服务，纳税人可以根据软件提示和引导完成申报。网络方式办理年度汇算的，获得退税时间相对更快，缴税更加便捷，还可以随时关注本人的申报、退税（补税）进度。

1. 手机个人所得税 APP 申报

纳税人可下载安装"个人所得税"APP。此申报方式适合绝大部分收入、扣除事项相对简单且没有境外所得的纳税人。

2. 自然人电子税务局申报

纳税人可以登录自然人电子税务局，网址是 https://etax.chinatax.gov.cn。电脑屏幕较手机大、显示信息多，因此自然人电子税务局申报方式适合收入、扣除等事项较多、情况较复杂的纳税人。

3. 办税服务厅申报

如果纳税人不方便网上办理，也可以至主管税务机关办税服务厅办理。纳税人携带本人有效身份证件，自行或在专业人士辅导下填写纸质纳税申报表，直接到主管税务机关办税服务专厅或者专区办理申报。申报结束后申请退税，或者通过 POS 机刷卡等方式缴税。

4. 邮寄申报

若纳税人不会使用网络申报方式，也无法到办税服务厅申报的情况下，纳税人可选择邮寄申报。因邮寄申报过程中，邮寄、拆封、核对和录入需要时间，通过该方式申报并申请退税的，退税周期比网络申报长。

邮寄申报流程：

（1）获取申报表。

纳税人可以登录国家税务总局网站（http://www.chinatax.gov.cn/）下载或到办税服务厅领取。

（2）准备年度汇算需要报送的资料。

在填写申报表前，纳税人需要准备好收入、"三险一金"、专项附加扣除、其他扣除（年金、符合条件的商业健康保险或税延养老保险）、捐赠、税收优惠、已纳税款等相关信息或资料，以备填报申报信息时使用。

(3) 填写申报表。

《个人所得税年度自行纳税申报表》分为 A 表、B 表、简易版和问答版四种,纳税人可以根据自己的实际情况选择其一填报即可。在填写申报表相关信息时,尤其是姓名、纳税人识别号、有效联系方式等关键信息,请务必做到清晰、准确、完整。为提高辨识度,建议使用电脑填报纳税申报表,并打印后签字。

(4) 将申报表等资料邮寄到指定的税务局。

请将申报表一式两份寄送至申报受理机关。有任职受雇单位的,需将申报表寄送至任职受雇单位所在省(自治区、直辖市、计划单列市)税务局公告指定的税务机关;没有任职受雇单位的,寄送至户籍或者经常居住地所在省(自治区、直辖市、计划单列市)税务局公告指定的税务机关。

(5) 申请办理退税或补税。

纳税人需要申请退税的,随申报表一并申请;纳税人应当补税的,寄送申报资料后,关注并及时查询受理情况,并根据受理情况办理补税。如果纳税人填写的申报信息有误或者提供资料不全,税务局会联系纳税人补正后重新邮寄。所以纳税人一定要提供正确、完整的有效联系方式,否则有可能因提供的联系方式不正确或缺失致使税务机关无法联系到纳税人,可能导致纳税人无法收到退税或者及时补税,从而遭受不必要的税收损失。

二、纳税人取得经营所得的纳税申报

(一) 查账征收方式的预缴申报和核定征收方式的纳税申报

查账征收的个体工商户业主、个人独资企业投资人、合伙企业个人合伙人、承包承租经营者个人以及其他从事生产、经营活动的个人在中国境内取得经营所得,在月度或季度终了后 15 日内,向经营管理所在地主管税务机关办理预缴纳税申报,并报送《个人所得税经营所得纳税申报表(A 表)》(表 3-8)。

取得经营所得实行核定征收的纳税人,在月度或季度终了后 15 日内,向经营管理所在地主管税务机关办理纳税申报,并报送《个人所得税经营所得纳税申报表(A 表)》(表 3-8)。

第三章 个人所得税的纳税申报

表3-8 个人所得税经营所得纳税申报表(A表)

税款所属期： 年 月 日 至 年 月 日

纳税人姓名：

纳税人识别号：□□□□□□□□□□□□□□□□□-□□ 金额单位：人民币元(列至角分)

被投资单位信息	
名称	
纳税人识别号(统一社会信用代码)	□□□□□□□□□□□□□□□□□□

征收方式(单选)
□查账征收(据实预缴)　　□查账征收(按上年应纳税所得额预缴)　　□核定应税所得率征收
□核定应纳税所得额征收　　□税务机关认可的其他方式＿＿＿＿＿＿＿＿＿＿＿＿＿＿＿＿

个人所得税计算		
项目	行次	金额/比例
一、收入总额	1	
二、成本费用	2	
三、利润总额(第3行＝第1行－第2行)	3	
四、弥补以前年度亏损	4	
五、应税所得率(%)	5	
六、合伙企业个人合伙人分配比例(%)	6	
七、允许扣除的个人费用及其他扣除(第7行＝第8行＋第9行＋第14行)	7	
(一)投资者减除费用	8	
(二)专项扣除(第9行＝第10行＋第11行＋第12行＋第13行)	9	
1.基本养老保险费	10	
2.基本医疗保险费	11	
3.失业保险费	12	
4.住房公积金	13	
(三)依法确定的其他扣除(第14行＝第15行＋第16行＋第17行)	14	
1.	15	
2.	16	
3.	17	

续表

八、准予扣除的捐赠额(附报《个人所得税公益慈善事业捐赠扣除明细表》)	18	
九、应纳税所得额	19	
十、税率(%)	20	
十一、速算扣除数	21	
十二、应纳税额(第22行=第19行×第20行－第21行)	22	
十三、减免税额(附报《个人所得税减免税事项报告表》)	23	
十四、已缴税额	24	
十五、应补/退税额(第25行=第22行－第23行－第24行)	25	

备注	
谨声明:本表是根据国家税收法律法规及相关规定填报的,本人对填报内容(附带资料)的真实性、可靠性、完整性负责。	
纳税人签字： 年 月 日	
经办人签字： 经办人身份证件类型： 经办人身份证件号码： 代理机构签章： 代理机构统一社会信用代码：	受理人： 受理税务机关(章)： 受理日期： 年 月 日

国家税务总局监制

(二) 查账征收方式的汇算清缴申报

查账征收的个体工商户业主、个人独资企业投资人、合伙企业个人合伙人、承包承租经营者个人以及其他从事生产、经营活动的个人在中国境内取得经营所得,在取得经营所得的次年3月31日前向税务机关办理个人所得税汇算清缴纳税申报,并报送《个人所得税经营所得纳税申报表(B表)》(表3-9)。

表 3-9 个人所得税经营所得纳税申报表(B 表)

税款所属期： 年 月 日至 年 月 日

纳税人姓名：

纳税人识别号：□□□□□□□□□□□□□□□□－□□ 金额单位：

人民币元(列至角分)

被投资单位信息	名称		纳税人识别号 (统一社会信用代码)		

项目	行次	金额/比例
一、收入总额	1	
其中:国债利息收入	2	
二、成本费用(3＝4＋5＋6＋7＋8＋9＋10)	3	
(一)营业成本	4	
(二)营业费用	5	
(三)管理费用	6	
(四)财务费用	7	
(五)税金	8	
(六)损失	9	
(七)其他支出	10	
三、利润总额(11＝1－2－3)	11	
四、纳税调整增加额(12＝13＋27)	12	
(一)超过规定标准的扣除项目金额(13＝14＋15＋16＋17＋18＋19＋20＋21＋22＋23＋24＋25＋26)	13	
1. 职工福利费	14	
2. 职工教育经费	15	
3. 工会经费	16	
4. 利息支出	17	
5. 业务招待费	18	
6. 广告费和业务宣传费	19	
7. 教育和公益事业捐赠	20	
8. 住房公积金	21	
9. 社会保险费	22	
10. 折旧费用	23	

续表

11. 无形资产摊销	24	
12. 资产损失	25	
13. 其他	26	
(二)不允许扣除的项目金额(27＝28＋29＋30＋31＋32＋33＋34＋35＋36)	27	
1. 个人所得税税款	28	
2. 税收滞纳金	29	
3. 罚金、罚款和被没收财物的损失	30	
4. 不符合扣除规定的捐赠支出	31	
5. 赞助支出	32	
6. 用于个人和家庭的支出	33	
7. 与取得生产经营收入无关的其他支出	34	
8. 投资者工资薪金支出	35	
9. 其他不允许扣除的支出	36	
五、纳税调整减少额	37	
六、纳税调整后所得(38＝11＋12－37)	38	
七、弥补以前年度亏损	39	
八、合伙企业个人合伙人分配比例(%)	40	
九、允许扣除的个人费用及其他扣除(41＝42＋43＋48＋55)	41	
(一)投资者减除费用	42	
(二)专项扣除(43＝44＋45＋46＋47)	43	
1. 基本养老保险费	44	
2. 基本医疗保险费	45	
3. 失业保险费	46	
4. 住房公积金	47	
(三)专项附加扣除(48＝49＋50＋51＋52＋53＋54)	48	
1. 子女教育	49	
2. 继续教育	50	
3. 大病医疗	51	
4. 住房贷款利息	52	

续表

5. 住房租金	53	
6. 赡养老人	54	
（四）依法确定的其他扣除(55＝56＋57＋58＋59)	55	
1. 商业健康保险	56	
2. 税延养老保险	57	
3.	58	
4.	59	
十、投资抵扣	60	
十一、准予扣除的个人捐赠支出	61	
十二、应纳税所得额(62＝38－39－41－60－61)或[62＝(38－39)×40－41－60－61]	62	
十三、税率(％)	63	
十四、速算扣除数	64	
十五、应纳税额(65＝62×63－64)	65	
十六、减免税额(附报《个人所得税减免税事项报告表》)	66	
十七、已缴税额	67	
十八、应补/退税额(68＝65－66－67)	68	

谨声明：本表是根据国家税收法律法规及相关规定填报的，是真实的、可靠的、完整的。

纳税人签字：　　　　　年　月　日

经办人： 经办人身份证件号码： 代理机构签章： 代理机构统一社会信用代码：	受理人： 受理税务机关(章)： 受理日期：　　年　月　日

国家税务总局监制

（三）两处以上取得经营所得的汇总纳税申报

取得经营所得的纳税人从两处以上取得经营所得，应当于取得所得的次年3月31日前办理年度汇总纳税申报。向税务机关报送《个人所得税经营所得纳税申报表(C表)》(表3-10)。

表 3-10　个人所得税经营所得纳税申报表（C 表）

税款所属期：　年　月　日至　年　月　日

纳税人姓名：

纳税人识别号：□□□□□□□□□□□□□□□□□-□□　　金额单位：人民币元（列至角分）

被投资单位信息	单位名称		纳税人识别号（统一社会信用代码）	投资者应纳税所得额
	汇总地			
	非汇总地	1		
		2		
		3		
		4		
		5		

项目	行次	金额/比例
一、投资者应纳税所得额合计	1	
二、应调整的个人费用及其他扣除（2＝3＋4＋5＋6）	2	
（一）投资者减除费用	3	
（二）专项扣除	4	
（三）专项附加扣除	5	
（四）依法确定的其他扣除	6	
三、应调整的其他项目	7	
四、调整后应纳税所得额（8＝1＋2＋7）	8	
五、税率（%）	9	
六、速算扣除数	10	
七、应纳税额（11＝8×9－10）	11	
八、减免税额（附报《个人所得税减免税事项报告表》）	12	
九、已缴税额	13	
十、应补/退税额（14＝11－12－13）	14	

谨声明：本表是根据国家税收法律法规及相关规定填报的，是真实的、可靠的、完整的。				
	纳税人签字：		年　月　日	
经办人：	受理人：		
经办人身份证件号码：	受理税务机关（章）：		
代理机构签章：	受理日期：　　　年　月　日		
代理机构统一社会信用代码：			

国家税务总局监制

三、纳税人取得应税所得,扣缴义务人未扣缴税款的纳税申报

纳税人取得应税所得,扣缴义务人未扣缴税款的,应当区别以下情形办理纳税申报:

(一)居民个人取得综合所得的

居民个人取得综合所得,扣缴义务人未扣缴税款的,按照前面提到的"居民个人取得综合所得需要办理汇算清缴的纳税申报"办理。

(二)非居民个人取得工资薪金所得、劳务报酬所得、稿酬所得、特许权使用费所得的

非居民个人取得工资薪金所得、劳务报酬所得、稿酬所得、特许权使用费所得的,应当在取得所得的次年6月30日前,向扣缴义务人所在地主管税务机关办理纳税申报,并报送《个人所得税自行纳税申报表(A表)》(表3-6)。有两处以上扣缴义务人均未扣缴税款的,选择向其中一处扣缴义务人所在地主管税务机关办理纳税申报。非居民个人在次年6月30日前离境(临时离境除外)的,应当在离境前办理纳税申报。

(三)纳税人取得利息、股息、红利所得,财产租赁所得,财产转让所得和偶然所得的

纳税人取得利息、股息、红利所得,财产租赁所得,财产转让所得和偶然所得的,应当在取得所得的次年6月30日前,按相关规定向主管税务机关办理纳税申报,并报送《个人所得税自行纳税申报表(A表)》(表3-6)。

四、纳税人取得境外所得的纳税申报

居民个人取得境外所得需要办理自行申报的,应当在取得所得的次年3月1日至6月30日内,向主管税务机关报送《个人所得税年度自行纳税申报表(B表)》(表3-7),申报该表时应当一并附报《境外所得个人所得税抵免明细表》。

五、纳税人因移居境外注销中国户籍的纳税申报

纳税人因移居境外注销中国户籍的,应当在申请注销中国户籍前,向户籍所在地主管税务机关办理纳税申报,进行税款清算。

纳税人在注销户籍年度取得综合所得的,应当在注销户籍前,办理当年综合所得的汇算清缴,并报送《个人所得税年度自行纳税申报表》(表3-4~表3-7)。尚未办理上一年度综合所得汇算清缴的,应当在办理注销户籍纳税申报时一并办理。

纳税人在注销户籍年度取得经营所得的,应当在注销户籍前,办理当年经营所得的汇算清缴,并报送《个人所得税经营所得纳税申报表(B表)》(表3-9)。从两处以上取得经营所得的,还应当一并报送《个人所得税经营所得纳税申报表(C表)》(表3-10)。尚未办理上一年度经营所得汇算清缴的,应当在办理注销户籍纳税申报时一并办理。

纳税人在注销户籍当年取得利息、股息、红利所得,财产租赁所得,财产转让所得和偶然所得的,应当在注销户籍前,申报当年上述所得的完税情况,并报送《个人所得税自行纳税申报表(A表)》(表3-6)。

纳税人有未缴或者少缴税款的,应当在注销户籍前,结清欠缴或未缴的税款。纳税人存在分期缴税且未缴纳完毕的,应当在注销户籍前,结清尚未缴纳的税款。

纳税人办理注销户籍纳税申报时,需要办理专项附加扣除、依法确定的其他扣除的,应当向税务机关报送《个人所得税专项附加扣除信息表》(附录表8)、《商业健康保险税前扣除情况明细表》、《个人税收递延型商业养老保险税前扣除情况明细表》等。

六、非居民个人在中国境内从两处以上取得工资薪金所得的纳税申报

非居民个人在中国境内从两处以上取得工资薪金所得的,应当在取得所得的次月15日内,向其中一处任职、受雇单位所在地主管税务机关办理纳税申报,并报送《个人所得税自行纳税申报表(A表)》(表3-6)。

第四章 个人所得税的纳税筹划研究

第一节 纳税筹划的基本理论

一、纳税筹划的涵义

纳税筹划在西方国家的研究与实践起步较早,在 20 世纪 30 年代就引起社会的关注,并得到法律的认可。1935 年英国上议院议员汤姆林提出:"任何一个人都有权安排自己的事业,依据法律这样做可以少缴税。为了保证从这些安排中谋到利益……不能强迫他多缴税。"他的观念赢得了法律界的认同,英国、澳大利亚、美国在以后的税收判例中经常援引这一原则精神。在我国,纳税筹划自 20 世纪 90 年代初被引入以后,其功能和作用不断被人们所认识、所接受、所重视。纳税筹划日益成为纳税人理财或经营管理决策中必不可少的一个重要部分。

纳税筹划是指在纳税行为发生之前,在不违反税法及其他相关法律、法规的前提下,通过对纳税主体(法人或自然人)的经营活动或投资行为等涉税事项做出事先安排,以达到少缴税或递延纳税目标的一系列谋划活动。可以从以下四个方面理解纳税筹划的内涵:

第一,税务筹划是在合法前提下进行的,与偷税是有区别的。

市场经济是法治经济,既然是法治经济,就意味着判断任何一种经济行为的标准只有一个,那就是法律的规定。纳税人的筹划行为所采用的会计方法及手段应以具体的税收法律条款为依据,遵循税法精神,否则,不可避免地沦为偷税。偷税行为是纳税人采取违法手段不缴或少缴税款的行为,偷税行为违反我国的立法精神,要受到税法与刑法的限制和制裁。在实际工作中,一部分纳税人受利益驱使,抱着侥幸心理,用偷税手段来实现最佳经济效益,等待他们的必然是法律的制裁。

第二,纳税筹划不是避税。

避税是指纳税人在对税制充分了解的基础上,在不触犯税法的前提下,针对现行税制的漏洞利用财务会计知识对企业生产经营各环节做出周密安排以规避或减轻纳税义务的一种行为。避税形式上不是违法行为,但利用税法漏洞与缺陷,减少国家财政收入,歪曲了经济运动的规律,违背了"税负公平"的原则,实质上却与立法意图、立法精神相悖,因此政府花大力气去制定反避税条款。而纳税筹划与避税在实质上有着根本不同。纳税筹划不仅不违反国家税法的立法意图或立法精神,而且还能促进国家宏观经济目标的实现,税收通过税种设置、税率的确定、课税对象的选择和课税环节的规定体现国家的宏观经济政策。国家鼓励的经济行为,国家往往给予各种有利的税收政策少征税款;反之,需要限制的,则给予不利政策加重征税。纳税人通过合理的纳税筹划,一方面可以降低税负,另一方面又能促进国家宏观经济目标的实现。可以说,纳税筹划是法制社会下的纳税人减少税务支出的最佳选择。

第三,纳税筹划应选择使自身经济利益最大的方案。

当存在几种合法纳税方案时,很多企业选择税负最低的方案,认为税负最低就意味着经济利益最佳。其实不然。例如,某一纳税方案的税负最低,但在此领域企业已丧失自己的优势,没有发展前途,结果总体利润减少,很显然,这一方案不可取。因此企业进行纳税筹划时,必须从全局角度,以整体观念来看待不同方案,否则会误导经济行为或造成投资失误。

第四,纳税筹划是纳税人的基本权利。

纳税筹划是依法治税的重要内容。纳税筹划是在符合立法精神的前提下,采用合法手段来达到降低税负的目的,所取得的收益应属合法收益。纳税人进行税收筹划应受到法律的保护。纳税人是不需要缴纳比税法规定更多的税负。税收征管人员应积极鼓励企业依法纳税,保护纳税人的合法权利,给予纳税人技术业务上的支持和指导,使纳税筹划真正步入良性循环的轨道。

二、个人所得税纳税筹划的可行性

税收筹划是一种事前行为,只要存在两个以上的方案,纳税人有权根据自身实际情况,在税收政策明确规定的情况下,根据税收政策调整自己的行为,选择最有利于自己的计税方法。当前个人所得税由分类征收转变为综合与分类相结合的征收管理模式,个人所得税法发生了本质变化,尤其专项附加扣除的增加为个人所得筹划提供了更广阔的空间。

（一）不同项目应税收入的计算方法不同

修订后的《个人所得税法》，工资薪金所得、劳务报酬所得、稿酬所得、特许权使用费所得虽然都计入综合所得，但是不同项目应税收入的计算方法不同。工资薪金所得按全额计入，劳务报酬所得、稿酬所得和特许权使用费所得在减除20%费用后计入收入额，而且对于稿酬的收入额再减，按70%计税。在某些情形下，纳税人可以考虑将工资薪金所得转化为劳务报酬所得、稿酬所得和特许权使用费所得，以降低应税收入。

（二）专项附加扣除的主体可供选择

专项附加扣除，是这次修法新增加的扣除项目，包括子女教育、继续教育、大病医疗、住房贷款利息或者住房租金、赡养老人等支出。除住房租金由承租人扣除，纳税人无法选择扣除主体。其余专项附加扣除项目均可以选择扣除主体。《个人所得税专项附加扣除暂行办法》规定：子女教育支出，父母可以选择由其中一方按扣除标准的100%扣除，也可以选择由双方分别按扣除标准的50%扣除。纳税人发生的医药费用支出可以选择由本人或者其配偶扣除；未成年子女发生的医药费用支出可以选择由其父母一方扣除。纳税人本人或者配偶单独或者共同使用商业银行或者住房公积金个人住房贷款为本人或者其配偶购买中国境内住房，发生的首套住房贷款利息支出，经夫妻双方约定，可以选择由其中一方扣除。赡养老人支出，可以由赡养人均摊或者约定分摊，也可以由被赡养人指定分摊。专项附加扣除中，对于子女本科以下的学历（学位）继续教育可以与父母的子女教育互换，但是其具体规定扣除金额不同，学历（学位）继续教育每月税前扣除400元，子女教育每月税前扣除1 000元。选择不同的专项附加扣除主体，家庭整体税负是不同的。这就为纳税人提供了筹划空间。

（三）对同一税收事项有多种税收政策可供选择

财政部《关于个人所得税法修改后有关优惠政策衔接问题的通知》（财税〔2018〕164号）规定，对于年终奖、外籍人员相关费用扣除给予3年过渡期，在过渡期由于同一税收事项可以有不同的税收政策，纳税人根据情况选择最有利于自己的计税方法。在2021年12月31日前，居民个人取得全年一次性奖金可以不并入当年综合所得，以全年一次性奖金收入除以12个月得到的数额，按照月度税率表，确定适用税率和速算扣除数，单独计算纳税。居民个人取得全年一次性奖金，也可以选择并入当年综合所得计算纳税。2019年1月1日至2021年12月31日，外籍个人符合居民个人条件的,可以选择享受个人所得税专项附加扣除,也可以选择享受住房补贴、语言训练费、子女教育费等津补贴免税优惠政策,但不得同时享受。外籍个人一经选择,在一个纳税年度内不得变更。对同一税收事项有多种税收政策可供选择,纳税人选择不同的税收政策,税负是不同的,这就为节税提供筹划空间。

(四)大量减免税收优惠政策可以利用

本次修订的《个人所得税法》中明确规定十项免征个人所得税的项目,两项减征个人所得税的优惠政策。除此之外,自《个人所得税法》实施以来,出台的优惠政策较多,继续有效的税收优惠政策多达近百个。如《财政部 国家税务总局关于误餐补助范围确定问题的通知》(财税〔1995〕82号)对于符合条件的误餐费不计入工资薪金纳税;《国家税务总局关于生活补助费范围确定问题的通知》(国税发〔1998〕155号)对于符合条件的生活补助费免征个人所得税;《财政部 国家税务总局 证监会关于上市公司股息红利差别化个人所得税政策有关问题的通知》(财税〔2015〕101号),对于个人从公开发行和转让市场取得的上市公司股票,持股期限超过1年的,股息红利所得暂免征收个人所得税。个人从公开发行和转让市场取得的上市公司股票,持股期限在1个月以内(含1个月)的,其股息红利所得全额计入应纳税所得额;持股期限在1个月以上至1年(含1年)的,暂减按50%计入应纳税所得额;《财政部 税务总局 科技部关于科技人员取得职务科技成果转化现金奖励有关个人所得税政策的通知》(财税〔2018〕58号),对于非营利性科研机构和高校根据《中华人民共和国促进科技成果转化法》规定,从职务科技成果转化收入中给予科技人员的现金奖励,可减按50%计入科技人员当月"工资薪金所得",依法缴纳个人所得税。

(五)公益捐赠支出税前扣除顺序可供选择

居民个人公益捐赠支出包括全额扣除类捐赠和限额扣除类捐赠。《财政部 税务总局关于公益慈善事业捐赠个人所得税政策的公告》(财政部 税务总局公告2019年第99号)规定:"个人同时发生按百分之三十扣除和全额扣除的公益捐赠支出,自行选择扣除次序。"限额捐赠和全额捐赠扣除的先后次序不同,可以在税前扣除的金额是不相同的,其能享受的抵税效应也不同。另外,若居民个人有多项所得的,"财政部 税务总局公告2019年第99号"规定:"居民个人根据各项所得的收入、公益捐赠支出、适用税率等情况,自行决定在综合所得、分类所得、经营所得中扣除的公益捐赠支出的顺序。"由于不同所得的应纳税所得额计算方法和适用税率都有差异,公益捐赠支出在多项应税所得中的扣除顺序不同,其所能享受的抵税效应也不同。公益捐赠支出税前扣除顺序可供选择,为居民个人公益捐赠业务提供了个人所得税筹划空间。

三、个人所得税纳税筹划的思路

个人所得税的纳税筹划,是指取得应税所得的自然人在合法的前提下,事先通过改变自身活动即收入来源的时间、渠道或者充分考虑各种税收优惠和税收减免政策,来实现税负的减少和个人可支配收益的提高。

(一)利用转换纳税人的身份进行纳税筹划

我国个人所得税法将纳税人按照"住所"和"居住时间"两个标准,划分为居民个人和非居民个人,不同身份的纳税人分别承担不同的纳税义务。在中国境内无住所又不居住,或者无住所而一个纳税年度内在中国境内居住累计不满183天的个人,为非居民个人,就其来源于境内所得征税。在中国境内无住所而一个纳税年度内在中国境内居住累计满183天的个人,为居民个人,就其来源于境内所得和境外所得征税。因此,无住所个人在中国境内居住时间的长短是确定无住所个人身份的依据,从而决定了无住所个人的纳税义务的多少。外籍无住所个人到中国工作时,当一个纳税年度在中国境内居住时间为183天(半年)左右,在不影响工作进度的情况下,可以选择尽量将工作时间调整到183天以内,利用中国税法只对非居民个人境内所得征税的规定,避免对来源于境外所得在中国缴纳个人所得税,从而减轻个人所得税税负。

(二)利用税收优惠政策进行纳税筹划

个人所得税的优惠政策很多。纳税人可以利用税收优惠政策进行纳税筹划。比如,个人不动产产权在兄弟姐妹之间转让时,纳税人可充分利用个人无偿受赠房屋有关个人所得税问题的优惠政策,先将不动产无偿赠予父母,再由父母无偿赠送给兄弟姐妹,以实现对当事双方不征收个人所得税。

(三)利用可选择税收政策进行纳税筹划

对同一税收事项有多种税收政策可供选择,纳税人根据情况选择最有利于自己的计税方法。例如,在2021年12月31日前,居民个人取得年终奖可以选择并入当年综合所得计算纳税,也可以选择不并入当年综合所得,单独计算纳税。汇算清缴时纳税人应综合比较两种纳税方式下适用税率差异、速算扣除数差异和应纳税所得额差异,从而选择合并纳税还是单独纳税。再比如,税法规定2019年1月1日至2021年12月31日,外籍居民个人可以选择享受个人所得税专项附加扣除,也可以选择享受住房补贴、语言训练费、子女教育费等津补贴免税优惠政策,但不得同时享受。因此,外籍居民个人在2021年12月31日以前可以综合考量专项附加扣除与各项免税津贴、补贴之间的关系,选择可以最大减轻税收负担的扣除方式。

（四）利用转化所得类型进行纳税筹划

在计算居民个人综合所得应纳税所得额时,不同的综合所得收入额的计算方法不同。工资薪金所得以收入全额为收入额,劳务报酬所得、稿酬所得、特许权使用费所得以收入减除20%的费用后的余额为收入额。稿酬所得的收入额再减按70%计算。若能把工资薪金所得转化为劳务报酬所得、稿酬所得、特许权使用费所得,例如,通过合理选择用工关系把工资薪金所得转化为劳务报酬所得;纳税人放弃自愿加班,利用空闲时间写作挣取稿酬,这样工资薪金所得就转化为稿酬报酬所得。同样金额的不同项目收入换算成的计税收入额是不同的,从而为节税提供了筹划空间。

纳税人可以将财产租赁所得转换为经营所得进行纳税筹划。因为财产租赁所得的适用税率为20%,经营所得适用五级超额累进税率,全年所得额不超过30万元的,对应的累进税率分别为5%、10%、20%,实际税率远远低于财产租赁所得的适用税率为20%。纳税人以个人名义对外出租财产,按"财产租赁所得"纳税。如果个人以自有财产投资先成立个体工商户或个人独资企业,再以个体工商户或个人独资企业的名义对外出租,财产租金收入转换为"经营所得"了。

（五）选择专项附加扣除主体进行纳税筹划

《个人所得税专项附加扣除暂行办法》规定,除住房租金以外的专项附加扣除均可以选择扣除主体,例如,子女教育支出可以在父母之间选择扣除;住房贷款利息可以在夫妻之间选择扣除;赡养老人可以在兄弟姐妹之间指定分摊、平均分摊或协议分摊;大病医疗支出可以选择由本人或配偶税前扣除,未成年子女的大病支出可以由选择父母中的一方扣除。一般来说,纳税人应从家庭整体税负角度出发,选择综合所得适用税率高的纳税人作为扣除主体,以实现家庭整体税负最低。

(六)利用个人所得税与企业所得税的政策差异进行筹划

非上市公司分配股息给个人和企业,所得税的政策是有差异的。《个人所得税法》规定,个人从非上市公司取得股息所得,按20%缴纳个人所得税。企业所得税法规定,符合条件的企业从非上市公司取得股息所得,属于免税收入;因此,纳税人可以通过注册公司的途径将个人身份转换为企业身份,利用企业取得股息所得免税政策进行纳税筹划。

(七)利用公益性捐赠政策进行纳税筹划

为了鼓励高收入者对公益事业做贡献,我国个人所得税法规定,个人将其所得通过境内的团体、国家机关向教育和其他社会公益事业以及遭受严重的灾害地区、贫困地区的捐赠,只要捐赠额未超过其申报的应纳税所得额的30%的部分,就可以从其应纳税所得额中扣除。这就是说,在个人捐赠时,只要其捐赠方式、捐赠款投向、捐赠额度符合规定,就可以使这部分捐赠款免缴个人所得税。该政策实际上是允许纳税人将自己对外捐赠的一部分改为由税收来负担。该条款的立法宗旨很明确,就是要引导纳税人的捐赠方向,将其引入公益、救济性质,从而为社会和国家减轻负担。纳税人也可利用自行选择扣除捐赠的顺序来进行纳税筹划。如《财政部 税务总局关于公益慈善事业捐赠个人所得税政策的公告》(财政部 税务总局公告2019年第99号)规定,居民个人根据各项所得的收入、公益捐赠支出、适用税率等情况,自行决定在综合所得、分类所得、经营所得中扣除的公益捐赠支出的顺序。个人同时发生按30%扣除和全额扣除的公益捐赠支出,自行选择扣除次序。新政策为个人充分享受公益捐赠税前抵扣的优惠提供了更大的操作空间,但同时相应的复杂程度也明显增加。作为发生了公益捐赠的纳税个人,不仅要先判断捐赠是否符合税前扣除的条件,还需要综合分析当年实际发生的各项所得、分别适用的税率和公益捐赠支出额等情况,合理规划进行税前扣除的所得项目和抵扣顺序,合理安排捐赠主体和捐赠时点,以充分实现公益捐赠带来的节税效果。尤其对于发生了大额公益捐赠支出,且收入较为多元的高净值人士,合理的个人公益捐赠纳税筹划带来的节税效果将更加明显。

四、个人所得税纳税筹划的意义

(一) 个人所得税纳税筹划可以提高公民依法纳税的意识

纳税筹划是一项专业性的活动,个人所得税的纳税筹划更是如此。它需要纳税人事先对现行的税收法规、实施条例以及其他配套法律法规有一定的了解乃至细致的钻研,及时关注税制改革新动态。特别是2018年8月31日全国人大通过关于修改《个人所得税法》的决定,新个税法将4项劳动性所得纳入综合征税范围,实现从分类税制向综合与分类相结合税制的重大转变。提高了"起征点"(即基本减除费用),从3 500元/月提高到5 000元/月;增加了子女教育、继续教育支出、住房贷款利息或住房租金支出、赡养老人支出、大病医疗等与人民群众生活密切相关支出的6项专项附加扣除。因此只有纳税人及时学习新税法,才能根据自身的实际情况,合理合法地运用各种税收政策制定筹划方案。这会促使广大公民关注、研究相关政策,学习个税的相关知识,从而进一步提高公民依法纳税的意识和提升个人所得税税收遵从水平,使其更好地配合国家实施财政税收政策。

(二) 个人所得税纳税筹划可以刺激消费推动经济增长

纳税人通过研究相关政策,学习个税的相关知识,经过筹划后减轻税负,提高手中的流动资金,增加了个人及家庭的实际可支配收入。在税收的收入效应下,纳税人的实际可支配收入增多会进一步刺激消费推动经济增长。国家统计局发布的数据显示,2019年前三季度我国社会消费品零售总额296 674亿元,同比增长8.2%,最终消费支出增长对经济增长的贡献率为60.5%。可见,消费是拉动经济增长的第一引擎,有利于实现国民经济健康、有序地发展,符合国家宏观调控政策,保持社会安定繁荣。纳税人通过税务筹划减轻负担后,可转化为消费。

(三) 个人所得税纳税筹划可提高税务征管水平

税收筹划专业程度较高,筹划者多通晓税法、征管状况及其纳税人的经营情况。一些纳税人为了达到税后利益最大化,除了充分运用现行税制中对己有利的政策外,往往还利用当前税制和征管中存在的漏洞实施避税或逃税行为,因此,税收筹划中所使用的避税或逃税手段更具隐蔽性。新税制的落地让税收红利惠及更广大的纳税人,税务机关更是直接面临海量减免税信息稽核比对的难题。随着我国市场经济体量的不断增加,自然人获取收入的渠道和路径开始趋向于多元化,并且逐渐呈现出一定的隐蔽性趋向；而税务机关碍于人员和技术的限制，管理和稽查能力都比较有限。税收筹划过程实际上是筹划者与税务机关之间的政策水平、业务水平、涉税知识的较量。税收筹划的存在，无疑在相当程度上增加了税收管理的难度，同时也对税收征管提出更高的要求，只有全面提高税务队伍的综合素质，才能有效地克服税收筹划给税收征管造成的困难，把握征管的主动权。

（四）个人所得税纳税筹划可促进税制完善

由于个税筹划是对税收政策进行研究和运用，因而可及时了解税收法规和税收征管中的不尽合理和不完善之处，为国家进一步完善税收政策、法律法规提供依据，起到对税收法规的验证作用，能够有效地推动依法治税的进程。同时有利于加快税收的立法过程及与相关法律、法规的相互协调与衔接，使我国法律成为一个相互协调的有机整体。

第二节　综合所得的纳税筹划

居民个人的综合所得，以每一纳税年度的收入额减除费用6万元以及专项扣除、专项附加扣除和依法确定的其他扣除后的余额，为应纳税所得额。综合所得适用3%～45%的超额累进税率（附表3）。综合所得的纳税筹划应尽量从降低纳税年度综合所得收入额和增加扣除金额入手，从而降低应纳税所得额和适用税率，来实现节税的目的。

一、全年一次性奖金的纳税筹划

全年一次性奖金是指行政机关、企事业单位等扣缴义务人根据其全年经济效益和对雇员全年工作业绩的综合考核情况，向雇员发放的一次性奖金。上述一次性奖金也包括年终加薪、实行年薪制和绩效工资办法的单位根据考核情况兑现的年薪和绩效工资。因此，企业年终奖、年终双薪、第13个月工资、年底劳动分红、岗位绩效等等，不管单位以什么名义发放，只要是一次计算发放、统一作为全年一次性奖金申报的，在税法上可以作为"全年一次性奖金"，并且按照"全年一次性奖金"计税方法计算税额的，一个纳税年度只能使用一次。

根据《国家税务总局关于调整个人取得全年一次性奖金等计算征收个人所得

税方法问题的通知》(国税发〔2005〕9号)和《关于个人所得税法修改后有关优惠政策衔接问题的通知》(财税〔2018〕164号)的规定:"居民个人取得全年一次性奖金,在2021年12月31日前,不并入当年综合所得,以全年一次性奖金收入除以12个月得到的数额,按照按月换算后的综合所得税率表(附表4),确定适用税率和速算扣除数,单独计算纳税。计算公式为:应纳税额=全年一次性奖金收入×适用税率-速算扣除数。居民个人取得全年一次性奖金,也可以选择并入当年综合所得计算纳税。自2022年1月1日起,居民个人取得全年一次性奖金,应并入当年综合所得计算缴纳个人所得税。"也就是说,在2022年以前,居民个人取得全年一次性奖金有合并纳税和单独纳税两种方式可供选择。这就为节税提供了筹划空间。

【案例 4-1】

王先生任职于某银行,2019年度取得综合所得应纳税所得额(指综合所得收入扣除免税收入、基本减除费用6万元、"三险一金"专项扣除、子女教育等附加专项扣除和依法规定的其他扣除)为15万元,取得全年一次性奖金3万元。

请问,王先生一次性奖金应选择哪种纳税方式?

解析:

(1) 合并纳税。

选择合并纳税,全年综合所得应纳税所得额为18万元(即15万元+3万元),依据综合所得个人所得税税率表一(附表3),确定税率为20%,速算扣除数为16 920。

全年应纳税额合计 = (150 000 + 30 000) × 20% - 16 920 = 19 080(元)

(2) 单独纳税。

全年一次性奖金收入30 000元除以12个月得到的数额为2 500元,按照按月换算后的综合所得税率表(附表4),确定适用税率为3%和速算扣除数为0。

全年一次性奖金应纳税额 = 全年一次性奖金收入 × 适用税率 - 速算扣除数
$$= 30\ 000 \times 3\% - 0 = 900(元)$$

不含全年一次性奖金的综合所得应纳税所得额为15万元,依据综合所得个人所得税税率表(附表3),确定适用税率为20%,速算扣除数为16 920。

不含全年一次性奖金的综合所得应纳税额 = 150 000 × 20% - 16 920 = 13 080(元)
全年应纳税额合计 = 900 + 13 080 = 13 980(元)

当王先生选择合并纳税时,他的总体税收负担为19 080元;若选择单独纳税,他的总体税收负担为13 980元;前者比后者多纳税5 100元。究其原因,合并纳税的一次性奖金适用税率为20%,明显高于单独纳税的适用税率3%,两个方案适用税率差异导致税负差额,即30 000×(20%-3%)=5 100元。

【案例 4-2】

若案例 4-1 中的王先生于 2019 年度取得综合所得应纳税所得额为 15 万元,取得全年一次性奖金为 15 万元。

请问,王先生一次性奖金应选择哪种纳税方式?

解析:

(1) 合并纳税。

选择合并纳税,全年综合所得应纳税所得额为 30 万元,依据综合所得个人所得税税率表(附表 3),确定适用税率为 20%,速算扣除数为 16 920。

全年应纳税额合计 = (150 000 + 150 000) × 20% − 16 920 = 43 080(元)

(2) 选择单独纳税。

全年一次性奖金收入 150 000 元除以 12 个月得到的数额为 12 500 元,按照按月换算后的综合所得税率表(附表 4),确定适用税率为 20% 和速算扣除数为 1 410。

全年一次性奖金应纳税额 = 全年一次性奖金收入 × 适用税率 − 速算扣除数
= 150 000 × 20% − 1 410 = 28 590(元)

不含全年一次性奖金的综合所得应纳税所得额为 15 万元,根据案例 4-1 的计算,不含全年一次性奖金的综合所得应纳税额 = 150 000 × 20% − 16 920 = 13 080(元)。

全年应纳税额合计 = 28 590 + 13 080 = 41 670(元)

两种筹划方案比较:

当王先生选择合并纳税时,他的总体税收负担为 43 080 元;若选择单独纳税,他的总体税收负担为 41 670 元;前者比后者多纳税 1 410 元。究其原因,两种方案的适用税率均为 20%,对应纳税额没有影响,关键在于速算扣除数。选择合并纳税,计算应纳税额时一次扣除速算扣除数 16 920,选择单独纳税,则需分两次计算应纳税额,即分别扣除了速算扣除数 16 920 和 1 410,因此,单独纳税方案比合并纳税方案多扣除 1 410,两个方案适用速算扣除数的差异导致税负差额。

【案例 4-3】

若案例 4-1 中的王先生于 2019 年度取得综合所得应纳税所得额为 −1 万元,取得全年一次性奖金 3 万元。

请问,王先生一次性奖金应选择哪种纳税方式?

解析:

(1) 合并纳税。

选择合并纳税,全年综合所得应纳税所得额为 2 万元,依据综合所得个人所得税税率表(附表 3),确定适用税率为 3%,速算扣除数为 0。

全年应纳税额合计 = (−10 000 + 30 000) × 3% − 0 = 600(元)

(2) 单独纳税。

根据案例 4-1 的计算结果,王先生全年一次性奖金应纳税额为 900 元。

不含全年一次性奖金的综合所得应纳税所得额为 −1 万元,应纳税额为 0。

全年应纳税额合计 = 900 + 0 = 900(元)

两种筹划方案比较:

当王先生选择合并纳税时,他的总体税收负担为 600 元;若选择单独纳税,他的总体税收负担为 900 元。前者比后者少纳税 300 元。究其原因,选择合并纳税时,一次性奖金收入抵补不含一次性奖金的综合所得应纳税所得额 −1 万元。两个方案应纳税所得额差异导致税负差额,即 10 000 × 3% = 300 元。

通过对案例 4-1、4-2 和 4-3 的分析,全年一次性奖金合并纳税和单独纳税产生税负差异的原因有三个:适用税率差异、速算扣除数差异和应纳税所得额差异。

在两种方案的应纳税所得额一致的情况下,如案例 4-1(两种纳税方案的应纳税所得额均为 18 万元)和案例 4-2(两种纳税方案的应纳税所得额均为 30 万元),纳税人应先通过比较两种方案的适用税率来选择纳税方式,应选择适用税率低的方案。当合并纳税的税率与单独纳税的税率相等时,如案例 4-2 适用税率均为 20% 时,则应选择一次性奖金单独纳税,因为单独纳税比合并纳税多计算一次速算扣除数。

当两种方案的应纳税所得额不一致的情况下,如案例 4-3 中应纳税所得额分别为 2 万元和 3 万元,在这种方式下两种方案的适用税率是一致的,纳税人应选择应纳税所得额较小的方案。

值得注意的是,单位支付全年一次性奖金,不一定是在年终发放。支付全年一次性奖金,单位预扣预缴税款时需选择选择合并纳税,还是单独纳税。无论选择何种计税方式,只影响预扣预缴税额。纳税人在年终汇算清缴时,应慎重选择全年一次性奖金的计税方式,根据适用税率差异、速算扣除数差异和应纳税所得额差异选择税负小的方案,才会对自己有利。若预扣预缴税额大于应纳税额,汇算清缴时纳税人可申请退税。反之,汇算清缴时纳税人应补缴税款。对综合所得(含一次性奖金)年收入额超过 6 万元的纳税人,税务机关预填的申报数据中,不包括单独计税的全年一次性奖金。如纳税人选择将其并入综合所得计税,需在工资薪金栏次通过"奖金计税方式选择"将其并入。

二、外籍居民个人有关津贴补贴的纳税筹划

根据《关于个人所得税法修改后有关优惠政策衔接问题的通知》(财税〔2018〕164号)的规定,自2019年1月1日至2021年12月31日,外籍个人符合居民个人条件的,可以选择享受个人所得税专项附加扣除,也可以选择按照《财政部 国家税务总局关于个人所得税若干政策问题的通知》(财税〔1994〕20号)、《国家税务总局关于外籍个人取得有关补贴征免个人所得税执行问题的通知》(国税发〔1997〕54号)和《财政部 国家税务总局关于外籍个人取得港澳地区住房等补贴征免个人所得税的通知》(财税〔2004〕29号)规定,享受住房补贴、语言训练费、子女教育费等津补贴免税优惠政策,但两者不可同时享受。外籍个人一经选择,在一个纳税年度内不得变更。自2022年1月1日起,外籍个人不再享受住房补贴、语言训练费、子女教育费补贴免税优惠政策,应按规定享受专项附加扣除。

【案例4-4】

美籍华人张先生在中国境内有住所,属于居民纳税人,2019年从境内任职单位取得工资薪金收入30万元,其中包括住房补贴5万元和子女教育费补贴3 000元,按新个税政策规定可以享受的专项附加扣除为一位子女的教育支出和赡养年满60岁的父母支出(张先生为独生子女)。假设张先生没有其他综合所得,也没有依法确定的其他扣除及减免税额等情况。

请问,张先生是选择住房补贴和子女教育费补贴免税呢?还是选择享受专项附加扣除?

解析:

(1) 选择住房补贴和子女教育费补贴免税,不享受专项附加扣除。

应纳税所得额 = 300 000 − 60 000 − 50 000 − 3 000 = 187 000(元)

依据综合所得个人所得税税率表(附表3),确定适用税率为20%,速算扣除数为16 920。

应纳税额 = 187 000 × 20% − 16 920 = 20 480(元)

(2) 选择住房补贴和子女教育费补贴不免税,享受专项附加扣除。

张先生可享受专项附加扣除 = 1 000 × 12 + 2 000 × 12 = 36 000(元)

应纳税所得额 = 300 000 − 60 000 − 36 000 = 204 000(元)

依据综合所得个人所得税税率表(附表3),确定适用税率为20%,速算扣除数为16 920。

应纳税额 = 204 000 × 20% − 16 920 = 23 880(元)

两种筹划方案比较：方案(1)比方案(2)少纳税3 400元。究其原因,免税津贴补贴53 000元比专项附加扣除36 000元多17 000元,造成两种方案应纳税所得额差额为17 000元,税率为20%,则应纳税额差额为3 400元。

外籍居民个人,在2021年12月31日以前应综合考量专项附加扣除与各项免税津贴、补贴之间的关系,选择可以最大减轻税收负担的扣除方式。当免税津贴补贴大于专项附加扣除时,则选择津贴补贴免税,不享受专项附加扣除。反之,则选择津贴补贴不免税,享受专项附加扣除。

三、专项附加扣除的纳税筹划

专项附加扣除是这次修法新增加的扣除项目,包括子女教育、继续教育、大病医疗、住房贷款利息或者住房租金、赡养老人等支出。除住房租金由承租人扣除,其余专项附加扣除项目均可以选择扣除主体。这就为节税提供了纳税筹划空间。

《个人所得税专项附加扣除暂行办法》规定:"子女教育支出,父母可以选择由其中一方按扣除标准的100%扣除,也可以选择由双方分别按扣除标准的50%扣除。个人接受本科及以下学历(学位)继续教育,符合规定扣除条件的,可以选择由其父母扣除,也可以选择由本人扣除。纳税人发生的医药费用支出可以选择由本人或者其配偶扣除;未成年子女发生的医药费用支出可以选择由其父母一方扣除。纳税人本人或者配偶单独或者共同使用商业银行或者住房公积金个人住房贷款为本人或者其配偶购买中国境内住房,发生的首套住房贷款利息支出,经夫妻双方约定,可以选择由其中一方扣除。赡养老人支出,可以由赡养人均摊或者约定分摊,也可以由被赡养人指定分摊。"

【案例4-5】

张先生和王女士是一对夫妻,皆为工薪阶层,其独生儿子在读大学。张先生任职于甲公司,本年专项附加扣除前的应纳税所得额为20万元,王女士任职于乙公司,本年专项附加扣除前的应纳税所得额为10万元,夫妻俩的专项附加扣除只有"子女教育"这一项符合税法扣除规定。税法规定,纳税人的子女接受全日制学历教育的相关支出,按照每个子女每月1 000元的标准定额扣除。

请问,张先生和王女士应该何种方式享受专项附加扣除?

解析:

(1)选择由张先生按扣除标准的100%扣除。

张先生应纳税所得额 = 200 000 - 1 000 × 12 = 188 000(元)

张先生应纳税额 = 188 000 × 20% − 16 920 = 20 680(元)

王女士应纳税额 = 100 000 × 10% − 2 520 = 7 480(元)

张先生、王女士应纳税额合计 = 20 680 + 7 480 = 28 160(元)

(2) 选择由王女士按扣除标准的 100% 扣除。

张先生应纳税额 = 200 000 × 20% − 16 920 = 23 080(元)

王女士应纳税所得额 = 100 000 − 1 000 × 12 = 88 000(元)

王女士应纳税额 = 88 000 × 10% − 2 520 = 6 280(元)

张先生、王女士应纳税额合计 = 23 080 + 6 280 = 29 360(元)

(3) 选择由张先生、王女士分别按扣除标准的 50% 扣除。

张先生应纳税所得额 = 200 000 − 1 000 × 50% × 12 = 194 000(元)

张先生应纳税额 = 194 000 × 20% − 16 920 = 21 880(元)

王女士应纳税所得额 = 100 000 − 1 000 × 50% × 12 = 94 000(元)

王女士应纳税额 = 94 000 × 10% − 2 520 = 6 880(元)

张先生、王女士应纳税额合计 = 21 880 + 6 880 = 28 760(元)

方案(1)家庭整体税负最低。造成税负差异的原因是张先生应纳税所得额对应的税率较高，因此选择全部由张先生扣除，抵税的效果最明显。

选择不同的专项附加扣除主体，家庭整体税负是不同的。一般来说，纳税人应从家庭整体税负角度出发，选择综合税率高的纳税人作为扣除主体。《个人所得税专项附加扣除操作办法(试行)》规定，对于取得工资薪金所得的纳税人来说，除了大病医疗专项附加扣除项目只能由纳税人在次年汇算清缴时扣除之外，其他专项扣除都有两种扣除时机可供选择：一是由任职单位在预扣预缴时扣除，具体扣除方式在一个纳税年度内不能变更；二是由纳税人在汇算清缴时扣除。笔者建议，专项附加项目由纳税人在选择汇算清缴时扣除。年终汇算清缴时可根据家庭成员的专项附加扣除前的应纳税所得额确定综合适用税率，选择综合适用税率高的家庭成员作为扣除主体。不建议在预扣预缴环节选择扣除主体，因为在预扣预缴税款时适用预扣率，平时预扣率高的并不代表年终汇算清缴时适用税率一定就高。预扣预缴时扣除方式一旦选定，在一个纳税年度内不能变更。

四、将工资薪金所得转化为其他综合所得的纳税筹划

在计算综合所得应纳税所得额时，不同的综合所得收入额的计算方法不同。《个人所得税法》规定："工资薪金以收入全额为收入额，劳务报酬所得、稿酬所得、

特许权使用费所得以收入减除20%的费用后的余额为收入额。稿酬所得的收入额减按70%计算。"若能把工资薪金所得转化为劳务报酬所得、稿酬所得、特许权使用费所得，同样金额的收入换算成的计税收入额是不同的，从而为节税提供了筹划空间。

【案例4-6】

周先生是一名大学教师，周先生任职的学校规定每年上课基本工作量为200课时。在完成基本工作量的情况下，周先生2019年可从单位取得工资收入10万元。若完成超基本工作量100课时，则还可取得超课时费2万元。在不影响学校正常教学的情况下，周先生可以选择在本单位只完成基本工作量，在另外一所学校做兼职教师，完成100个课时可取得兼职课时费2万元。周先生本年专项扣除、专项附加扣除和依法确定的其他扣除共计2万元。假设不考虑增值税因素。

请问，两种方案的纳税额分别为多少？

解析：

（1）周先生在本单位完成基本工作量的情况下，还完成100个超课时，一共从本单位取得工资收入12万元。

$$应纳税所得额 = 120\,000 - 60\,000 - 20\,000 = 40\,000(元)$$

按照综合所得税率表（附表3），确定适用税率为10%和速算扣除数为2520。

$$应纳税额 = 40\,000 \times 10\% - 2\,520 = 1\,480(元)$$

（2）周先生在本单位只完成基本工作量，2019年从本单位取得工资收入10万元。在另外一所学校做兼职教师，可取得兼职课时费2万元，兼职课时费属于劳务报酬所得。

$$应纳税所得额 = 100\,000 + 20\,000 \times (1 - 20\%) - 60\,000 - 20\,000 = 36\,000元$$

按照综合所得税率表（附表3），确定适用税率为3%和速算扣除数为0。

$$应纳税额 = 36\,000 \times 3\% - 0 = 1\,080(元)$$

两种筹划方案比较：

方案（2）比方案（1）少纳税400元，究其原因，方案（2）应纳税所得额比方案（1）低4000元，是兼职课时费按劳务报酬收入减除20%的费用。

综合所得中的劳务报酬所得，稿酬所得，特许权使用费所得以收入减除20%的费用后的余额为收入额，稿酬所得的收入额再减按70%计算，而综合所得中的工资薪金所得是以实际金额作为收入额，因此在同等收入的情况下，个人应当尽量优先获取稿酬所得，其次是劳务报酬所得、特许权使用费所得，最后是工资薪金所得。

五、无住所个人身份的纳税筹划

我国个人所得税法将纳税人按照"住所"和"居住时间"两个标准,划分为居民个人和非居民个人,分别承担不同的纳税义务。在中国境内无住所又不居住,或者无住所而一个纳税年度内在中国境内居住累计不满183天的个人,为非居民个人,就其来源于境内所得征税。在中国境内无住所而一个纳税年度内在中国境内居住累计满183天的个人,为居民个人,就其来源于境内所得和境外所得征税。因此,无住所个人在中国境内居住时间的长短是确定无住所个人身份的依据,从而决定了无住所个人的征税所得的来源地范围。

《个人所得税法实施条例》规定:"在中国境内无住所的个人,在中国境内居住累计满183天的年度连续不满六年的,经向主管税务机关备案,其来源于中国境外且由境外单位或者个人支付的所得,免予缴纳个人所得税。"

【案例4-7】

英国公民麦克就职于英国某公司,于2019年1月1日被英国总公司派往中国的分公司工作,2019年7月5日回英国总公司继续工作。麦克在中国工作期间,取得来自中国境内所得20万元,其中由中国分公司支付的工资薪金收入18万元,由境外英国总公司支付的工资收入2万元;取得来源于境外且由英国总公司支付的工资薪金收入折合人民币12万元。

请问,向主管税务机关备案与否,对麦克应纳税额有何区别?

解析:

(1) 麦克2019年1月1日至2019年7月5日在中国工作期间,未向主管税务机关备案。

英国公民麦克属于在中国境内居住累计满183天的年度连续不满六年的无住所个人,未向主管税务机关备案,其来源于中国境外所得且由境外单位支付的所得12万元,不免个人所得税,应和中国境内所得20万元合并缴纳个人所得税。

(2) 麦克2019年1月1日至2019年7月5日在中国工作期间,向主管税务机关备案。

英国公民麦克属于在中国境内居住累计满183天的年度连续不满六年的无住所个人,向主管税务机关备案,其来源于中国境外所得且由境外单位支付的所得12万元,免予缴纳个人所得税,只就来源于中国境内所得20万元缴纳个人所得税。

由此可见,麦克向主管税务机关备案,税负最轻。

六、依法确定的其他扣除项目的纳税筹划

《个人所得税法实施条例》第十三条规定:"个人所得税法第六条第一款第一项所称依法确定的其他扣除,包括个人缴付符合国家规定的企业年金、职业年金,个人购买符合国家规定的商业健康保险、税收递延型商业养老保险的支出,以及国务院规定可以扣除的其他项目。除了职业年金是国家强制设立的,企业年金、商业健康保险、税收递延型商业养老保险由企业和个人自愿购买,因此单位可以选择为员工购买企业年金、商业健康保险、税收递延型商业养老保险,既为员工提供福利,也可以减轻税负。"

企业年金,是指企业及其职工在依法参加基本养老保险的基础上,自愿建立的补充养老保险制度。职业年金是指事业单位及其工作人员在依法参加基本养老保险的基础上,建立的补充养老保险制度。《财政部 国家税务总局 人力资源和社会保障部关于企业年金职业年金个人所得税有关问题的通知》(财税〔2013〕103号)规定:"企业和事业单位根据国家有关政策规定的办法和标准,为在本单位任职或者受雇的全体职工缴付的企业年金或职业年金单位缴费部分,在计入个人账户时,个人暂不缴纳个人所得税。个人根据国家有关政策规定缴付的年金个人缴费部分,在不超过本人缴费工资计税基数的4%标准内的部分,暂从个人当期的应纳税所得额中扣除。"

《财政部 国家税务总局 保监会关于将商业健康保险个人所得税试点政策推广到全国范围实施的通知》(财税〔2017〕39号)规定:"对个人购买符合规定的商业健康保险产品的支出,允许在当年(月)计算应纳税所得额时予以税前扣除,扣除限额为2 400元/年(200元/月)。单位统一为员工购买符合规定的商业健康保险产品的支出,应分别计入员工个人工资薪金,视同个人购买,按上述限额予以扣除。"

《财政部 税务总局 人力资源社会保障部 中国银行保险监督管理委员会 证监会关于开展个人税收递延型商业养老保险试点的通知》(财税〔2018〕22号)规定:"自2018年5月1日起,在上海市、福建省(含厦门市)和苏州工业园区实施个人税收递延型商业养老保险试点。对试点地区个人通过个人商业养老资金账户购买符合规定的商业养老保险产品的支出,允许在一定标准内税前扣除;计入个人商业养老资金账户的投资收益,暂不征收个人所得税;取得工资薪金、连续性劳务报酬所得的个人,其缴纳的保费准予在申报扣除当月计算应纳税所得额时予以限额据实扣除,扣除限额按照当月工资薪金、连续性劳务报酬收入的6%和1 000元孰低办法确定。"

【案例 4-8】

甲公司连续多年经营效益较好,员工平均工资处于较高水平。该公司2019年人均年工资收入25万元,人均税前扣除金额为10万元(不包括依法确定的其他扣除项目),假设该企业员工除工资薪金所得没有其他综合所得项目。

试比较,公司为员工购买企业年金和商业健康与否对人均应纳税额的影响。

解析:

(1) 公司为每位员工购买企业年金和商业健康险。

人均应纳税所得额 = 250 000 − 100 000 − 250 000 × 4% − 2 400 = 137 600(元)

按照综合所得税率表(附表3),确定适用税率为10%和速算扣除数为2 520。

人均应纳税额 = 137 600 × 10% − 2 520 = 11 240(元)

(2) 公司不为员工购买企业年金和商业健康险。

人均应纳税所得额 = 250 000 − 100 000 = 150 000(元)

按照综合所得税率表(附表3),确定适用税率为20%和速算扣除数为16 920。

人均应纳税额 = 150 000 × 20% − 16 920 = 13 080(元)

由上述案例可见,公司为每位员工购买企业年金和商业健康险,降低了应纳税所得额和税率,从而降低了税负。当企业员工应纳税所得额处于较高水平,企业应根据自身经济实力考虑购买企业年金和商业健康险,试点地区也可考虑税收递延型商业养老保险。

七、劳务报酬所得的纳税筹划

劳务报酬所得是个人独立从事各种技艺、提供各种劳务取得的报酬,具有随机性和偶然性。劳务提供者通常和劳务接受单位通过签订劳务合同来明确双方的权利和义务。

《个人所得税法》规定:居民个人取得工资薪金所得、劳务报酬所得、特许权使用费所得、稿酬所得,按纳税年度合并计算个人所得税;居民个人的综合所得,以每一纳税年度的收入额减除费用6万元以及专项扣除、专项附加扣除和依法确定的其他扣除后的余额,为应纳税所得额。劳务报酬所得收入以减除20%的费用后的余额为收入额。因此,纳税人可以通过降低劳务报酬收入来达到减轻税负的目的。

【案例 4-9】

张教授受邀去异地某大学讲学,该大学一次性提供劳务费30 000元,张教授往返需发生机票、住宿费等费用6 000元。

试比较,该大学负担机票、住宿费等与否,张教授应纳税所得额的区别。

解析:

(1) 该大学一次性提供劳务费 30 000 元,张教授自己负担往返机票、住宿费等费用 6 000 元。在这种情况下,张先生劳务报酬收入为 30 000 元。

$$应纳税所得额 = 30\ 000 \times (1 - 20\%) = 24\ 000(元)$$

(2) 该大学负担张教授往返机票、住宿费等费用 6 000 元,一次性提供给张教授劳务费 24 000 元。在这种情况下,张先生劳务报酬收入为 24 000 元。

$$应纳税所得额 = 24\ 000 \times (1 - 20\%) = 19\ 200(元)$$

由此可见,当该大学支付的费用总额相等时,方案(2)的应纳税所得额比方案(1)低,选择方案时,纳税人的税负会减少。

在劳务接受方支付费用总额相等的情况下,可以将部分劳务报酬费用化,可以为纳税人节省相对可观的税款。在与劳务接受方签订劳务服务合同时,把本应由提供劳务方自己承担的费用改由支付报酬方提供,比如由劳务接受方负担往返交通费、住宿费,相当于增加了劳务接受方的费用开支,降低了个人的名义报酬,从而使劳务报酬应纳税所得额保持在较低水平。

八、非居民个人工资薪金所得与劳务报酬所得相互转换的纳税筹划

非居民个人工资薪金所得与劳务报酬适用相同的税率表(附表 4),但费用扣除的方式不同。

《个人所得税法》规定:非居民个人的工资薪金所得,以每月收入额减除费用 5 000 元后的余额为应纳税所得额。劳务报酬所得,以每次收入额为应纳税所得额。劳务报酬所得以收入减除 20% 的费用后的余额为收入额。非居民个人的工资薪金所得与劳务报酬所得均适用 3%~45% 的 7 级超额累进税率表(月度税率表,附表 4)。

【案例 4-10】

非居民个人麦克是一名法国服装设计师,2020 年 1~5 月为中国境内一家服装企业工作,工作期间居住在中国境内,工作结束后回法国。每月可从中国境内企业取得税前收入 30 000 元。

请问,当分别按劳务报酬纳税和按工资薪金所得纳税时,麦克每月应纳税所得税额为多少?

解析：

(1) 麦克与中国境内企业签订劳务合同，按劳务报酬所得纳税。

每月劳务报酬所得应纳税所得额 = 30 000 × (1 − 20%) = 24 000(元)

按照月度税率表(附表4)，确定适用税率为20%和速算扣除数为1 410。

每月应纳所得税额 = 24 000 × 20% − 1 410 = 3 390(元)

(2) 麦克与中国境内企业签订劳动合同，按工资薪金所得纳税。

每月工资薪金所得应纳税所得额 = 30 000 − 5 000 = 25 000(元)

按照月度税率表(附表4)，确定适用税率为20%和速算扣除数为1 410。

每月应纳所得税额 = 25 000 × 20% − 1 410 = 3 590(元)

很显然，方案(1)的应纳税所得额比方案(2)低200元。究其原因，按劳务报酬定率扣除20%，即6 000元，比工资薪金所得定额扣除标准5 000元多扣除1 000元，按20%的税率计算应纳税额也应低200元。

由案例4-10可知，假设无论确定何种用工关系，对企业和个人的其他方面不产生影响。选择哪种用工方式，主要取决于税前收入 X 的金额。在不考虑纳税人劳务报酬所得应纳增值税的情况下，$X \times (1 − 20\%) = X − 5 000$，得 $X = 25 000$。当税前收入等于25 000元时，两种用工方式税负相等。当税前收入大于25 000元时，应选择签订劳务合同用工方式，税负会低一些。反之，应选择签订劳动合同用工方式。

第三节 经营所得的纳税筹划

经营所得包括个体工商户从事生产、经营活动取得的所得，个人独资企业投资人、合伙企业的个人合伙人来源于境内注册的个人独资企业、合伙企业生产、经营的所得；个人依法从事办学、医疗、咨询以及其他有偿服务活动取得的所得；个人对企业、事业单位承包经营、承租经营以及转包、转租取得的所得；个人从事其他生产、经营活动取得的所得。

一、个体工商户经营所得的纳税筹划

个体工商户包括依法取得个体工商户营业执照、从事生产经营的个体工商户，

经政府有关部门批准从事办学、医疗、咨询等有偿服务活动的个人以及其他从事个体生产、经营的个人。个体工商户经营所得的政策依据《个体工商户个人所得税计税办法》(国家税务总局令第35号)和《个体工商户税收定期定额征收管理办法》(国务院令第16号)。

《个体工商户税收定期定额征收管理办法》规定:"个体工商户税收定期定额征收,是指税务机关依照法律、行政法规及本办法的规定,对个体工商户在一定经营地点、一定经营时期、一定经营范围内的应纳税经营额或所得额进行核定,并以此为计税依据,确定其应纳税额的一种征收方式。"

《机动出租车驾驶员个人所得税征收管理暂行办法》(国税发〔1995〕50号)规定:"从事个体出租车运营的出租车驾驶员取得的收入,按个体工商户的生产、经营所得项目缴纳个人所得税。出租车属个人所有,但挂靠出租汽车经营单位或企事业单位,驾驶员向挂靠单位缴纳管理费的,或出租汽车经营单位将出租车所有权转移给驾驶员的,出租车驾驶员从事客货运营取得的收入,比照个体工商户的生产、经营所得项目征税。县级以上(含县级)税务机关可以根据出租车的不同经营方式、不同车型、收费标准、交纳的承包承租费等情况,核定出租车驾驶员的营业额并确定征收率或征收额,按月征收出租车驾驶员应纳的个人所得税。"

《天津市地方税务局关于客运出租汽车税收问题的公告》(天津市地方税务局公告2011年第18号)规定:"纳税人按照单车核定税额的方法缴纳税款。单车单人运营,排气量在1.6升及以下的,每月税额为80元;排气量1.6升以上的,每月税额为90元。"

【案例4-11】

天津市张先生用自有车辆(排气量在1.6升及以下)从事出租车服务,单人单车运营。每月运营收入扣除运营成本费用后的余额为10 000元,张先生没有综合所得,个人承担的专项扣除、专项附加扣除等依法准予扣除的合计额为20 000元。

请按查账征收和定期定额方式计算张先生应纳税额。

解析:

(1) 按查账征收方式。

$$应纳税所得额 = 10\,000 \times 12 - 60\,000 - 20\,000 = 40\,000(元)$$

依据经营所得税率表(附表5),适用税率为10%和速算扣除数为1 500。

$$应纳税额 = 40\,000 \times 10\% - 1\,500 = 2\,500(元)$$

(2) 按定期定额方式。

$$应纳税额 = 80 \times 12 = 960(元)$$

由此可见,方案(2)比方案(1)的税负低1 540元,张先生应选择定期定额方式缴纳个人所得税。

个体工商户选择哪种方式缴纳个人所得税,要视个体工商户的生产经营情况、个体工商户业主的费用扣除情况以及当地税务机关确定的征税定额而定。一般而言,若个体工商户每年的利润可观且稳定,采用定期定额征收比较好;若利润不稳定或者利润较薄,经营所得小于个体工商户业主的费用扣除金额,则选择查账征收比较有利。另外,纳税人实行定期定额征收方式的,投资者个人无法享受个人所得税的优惠政策,以前年度亏损也不得弥补。所以,个体工商户在考虑可享受某项个人所得税的优惠政策时,便不宜采取定期定额征收个人所得税的方式。

二、个人独资企业经营所得的纳税筹划

个人独资企业是依照《中华人民共和国独资企业法》登记成立的,由个人出资经营、归个人所有和控制、由个人承担经营风险和享有全部经营收益的非法人组织,不具有法人资格企业。因此,个人独资企业不缴纳企业所得税。个人独资企业业主承担无限责任,应依法缴纳个人所得税。

《个人所得税法》规定:经营所得适用5%~35%的5级超额累进税率(附表5)。也就是说,个人独资企业最低适用税率为5%。全年应纳税所得额不超过3万元的部分,税率为5%;超过3万元的部分,分级适用10%、20%、30%、35%的累进税率。

《财政部 税务总局关于实施小微企业普惠性税收减免政策的通知》(财税〔2019〕13号)规定:对小型微利企业年应纳税所得额不超过100万元的部分,减按25%计入应纳税所得额,按20%的税率缴纳企业所得税;对年应纳税所得额超过100万元但不超过300万元的部分,减按50%计入应纳税所得额,按20%的税率缴纳企业所得税。此政策执行期限为2019年1月1日至2021年12月31日。小微企业年应纳税所得额不超过100万元的部分实际税率为5%,年应纳税所得额超过100万元但不超过300万元的部分实际税率为10%。

【案例4-12】

张先生准备成立一家运输公司,打算用赚取得利润用来发展壮大自己的企业,税后利润暂时不分配。通过测算,一年可以取得经营所得应纳税所得额(未扣除张先生个人费用60 000元及符合扣除条件的各种其他扣除20 000元)为25万元。张先生当年没有综合所得,仅考虑所得税,不考虑其他税种。

请问,成立个人独资企业和成立一人有限公司时,张先生应纳个人所得税分别

为多少?

解析:

(1) 张先生成立个人独资企业,张先生应依法缴纳个人所得税。

张先生当年没有综合所得,个人基本费用 60 000 元和符合条件的各种扣除项目 20 000 元可以在经营所得税前扣除。

$$应纳税所得额 = 250\,000 - 60\,000 - 20\,000 = 170\,000(元)$$

依据经营所得税率表(附表 5),适用税率为 20% 和速算扣除数为 10 500。

$$应纳个人所得税 = 170\,000 \times 20\% - 10\,500 = 23\,500(元)$$

(2) 张先生成立一人有限责任公司,公司应依法缴纳企业所得税。

$$应纳企业所得税 = 250\,000 \times 25\% \times 20\% = 12\,500(元)$$

张先生打算用赚取的利润用来发展壮大自己的企业,税后利润不分配,因此张先生不用缴纳个人所得税。

由此可见,方案(2)比方案(1)的税负低 11 000 元。

纳税人可以利用小微企业普惠性税收减免政策进行纳税筹划。在应纳税所得额超过 3 万元的情况下,个人所得税税率高于小微企业企业所得税的实际税率。在投资者打算税后利润留存企业用于扩大再生产的情况下,成立一人有限责任公司比个人独资企业税负要低。若投资者不打算扩大企业规模,投资者取得企业的税后利润,需缴纳 20% 的个人所得税。因此,投资者要根据综合税负进行决策。若经营所得扣除投资者的个人费用 60 000 元、专项扣除和附加专项扣除等其他依法准予扣除项目以后余额小于 3 万元,此时个人所得税税率低于小微企业企业所得税的实际税率,个体工商户的税负较轻,没必要考虑成立一人有限公司。

三、合伙企业经营所得的纳税筹划

合伙企业是由各合伙人依法订立合伙协议,共同出资,合伙经营,共享收益,共担风险,并承担无限连带责任的企业。合伙企业不具有法人资格,因此,合伙企业不缴纳企业所得税。合伙企业合伙人承担无限责任,以每一个合伙人为纳税义务人,应依法缴纳个人所得税。合伙企业可以通过增加合伙人来进行筹划。

《关于个人独资企业和合伙企业投资者征收个人所得税的规定》(财税〔2000〕91 号)规定,合伙企业的投资者按照合伙企业的全部生产经营所得和合伙协议约定的分配比例确定应纳税所得额,合伙协议没有约定分配比例的,以全部生产经营所得和合伙人数量平均计算每个投资者的应纳税所得额。《个人所得税实施条例》

规定:取得经营所得的个人,没有综合所得的,计算其每一纳税年度的应纳税所得额时,应当减除费用 6 万元、专项扣除、专项附加扣除以及依法确定的其他扣除。专项附加扣除在办理汇算清缴时减除。

【案例 4-13】

张先生准备成立一个合伙企业,通过测算,一年可以取得经营所得应纳税所得额(未扣除投资者个人费用及"三险一金"等)为 30 万元。仅考虑所得税,不考虑其他税种,试比较以下有两种方案成立合伙公司后的应纳税额。

解析:

(1)张先生和妻子 2 人成立合伙公司,协议约定平均分配应纳税所得额。

张先生有综合所得,个人费用及专项扣除等已在综合所得税前扣除。其妻子没有综合所得,个人费用 60 000 元及符合扣除条件的各种其他扣除为 10 000 元,在合伙企业分得的经营所得中扣除。

张先生应纳税额所得额 $= 300\,000 \div 2 = 150\,000$(元)

依据经营所得税率表(附表 5),确定适用税率为 20%和速算扣除数为 10 500。

张先生应纳税额 $= 150\,000 \times 20\% - 10\,500 = 19\,500$(元)

其妻子应纳税所得额 $= 150\,000 - 60\,000 - 10\,000 = 80\,000$(元)

依据经营所得税率表(附表 5),确定适用税率为 10%和速算扣除数为 1 500。

妻子应纳税额 $= 80\,000 \times 10\% - 1\,500 = 6\,500$(元)

应纳税额合计 $= 19\,500 + 6\,500 = 26\,000$(元)

(2)张先生和妻子、父母共 4 人成立合伙公司,协议约定平均分配应纳税所得额。父母均没有综合所得,也没专项扣除等项目。

人均应纳税额所得额 $= 300\,000 \div 4 = 75\,000$(元)

张先生应纳税额 $= 75\,000 \times 10\% - 1\,500 = 6\,000$(元)

其妻子应纳税额 $= (75\,000 - 60\,000 - 10\,000) \times 5\% - 0 = 250$(元)

其父母应纳税额 $= (75\,000 - 60\,000) \times 5\% \times 2 = 1\,500$(元)

应纳税额合计 $= 6\,000 + 250 + 1\,500 = 7\,750$(元)

由此可见,方案(2)比方案(1)的税负少 18 250 元。

合伙企业以每一个合伙人为纳税义务人,因此合伙企业可以通过增加合伙人人数降低应纳税所得额,从而实现减税。特别是将没有综合所得的直系亲属增加为合伙人,既不会产生合伙纠纷,又可以增加个人扣除费用降低应纳税所得额。若合伙人中有综合所得的,个人基本减除费用、专项扣除和专项附加扣除已在综合所得税前扣除的,可以通过调整合伙协议约定的分配比例来实现最低合伙人整体税负。若案例 4-13 中,合伙协议约定张先生占 40%,妻子占 60%,则张先生应纳税税额=300 000×40%×20%－10 500＝13 500(元),妻子应纳税额=(300 000×60%－60 000－10 000)×20%－10 500＝11 500(元),合计应纳税额为 25 000 元,比平均分配合伙所得,少缴 1 000 元。

四、承包经营、承租经营所得的纳税筹划

承包、承租人按照合同(协议)规定向发包方、出租方交纳一定费用后,企业经营成果归其所有的,承包、承租人取得的所得,按对企事业单位的承包、承租经营所得项目征税。

《关于个人对企事业单位实行承包经营、承租经营取得所得征税问题的通知》(国税发〔1994〕179 号)规定:企业实行个人承包、承租经营后,如果工商登记仍为企业的,不管其分配方式如何,均应先按照企业所得税的有关规定缴纳企业所得税。承包经营、承租经营者按照承包、承租经营合同(协议)规定取得的所得,依照个人所得税法的有关规定缴纳个人所得税。企业实行个人承包、承租经营后,如工商登记改变为个体工商户的,应依照个体工商户的生产、经营所得项目计征个人所得税,不再征收企业所得税。

【案例 4-14】

张先生打算承包某企业职工食堂,经测算,该食堂一年销售收入 800 万元,成本费用 600 万元,张先生没有综合所得,个人基本减除费用 6 万元及符合扣除条件的各种其他扣除 2 万元需从经营所得中扣除。张先生每年向出包方缴纳 50 万元承包费。

试比较以下两种方案哪种更优?

解析:

(1)张先生与承包方签订协议,不变更工商登记,职工食堂仍为企业身份。假定食堂发生的成本费用无需进行企业所得税的纳税调整。

$$应纳企业所得税 = (800 - 600) \times 25\% = 50(万元)$$

张先生个人所得税应纳税所得额 $= 800 - 600 - 50 - 50 - 6 - 2 = 92(万元)$

依据经营所得税率表(附表 5),确定适用税率为 35% 和速算扣除数为 65 500。

$$应纳个人所得税 = 920 000 \times 35\% - 65 500 = 256 500(元)$$

$$税后净利润 = 800 - 600 - 50 - 50 - 25.65 = 74.35(万元)$$

(2)张先生与承包方签订协议,变更工商登记,职工食堂由企业身份变更为个体工商户。应依照经营所得项目计征个人所得税,不征收企业所得税。

张先生个人所得税应纳税所得额 = 800－600－50－6－2 = 142(万元)

依据经营所得税率表(附表5),确定适用税率为35%和速算扣除数为65 500。

应纳个人所得税 = 1 420 000×35%－65 500 = 431 500(元)

税后净利润 = 800－600－50－43.15 = 106.85(万元)

由此可见,方案(2)比方案(1)的税后净利润高32.5万元。

纳税人对企事业单位进行承包经营、承租经营,与发包方、出租方签订协议时,需考虑是否变更工商登记。纳税人可通过比较两种方案的税后净利润来进行决策。

第四节 分类所得的纳税筹划

一、财产租赁所得的纳税筹划

财产租赁所得,是指个人出租不动产、土地使用权、机器设备、车船以及其他财产取得的所得。个人取得的房屋转租收入,属于"财产租赁所得"项目。取得转租收入的个人向房屋出租方支付的租金,凭房屋租赁合同和合法支付凭据允许在计算个人所得税时,从该项转租收入中扣除。纳税人可将利用个人所得税和企业所得税的政策差异进行筹划,或者通过个人所得税的财产租赁所得与经营所得的税率差异进行纳税筹划。

(一)利用个人所得税和企业所得税的政策差异进行筹划

《财政部 税务总局关于实施小微企业普惠性税收减免政策的通知》(财税〔2019〕13号)规定:对月销售额10万元以下(含本数)的增值税小规模纳税人,免征增值税。对小型微利企业年应纳税所得额不超过100万元的部分,减按25%计入应纳税所得额,按20%的税率缴纳企业所得税;对年应纳税所得额超过100万元但不超过300万元的部分,减按50%计入应纳税所得额,按20%的税率缴纳企业所得税。

【案例4-15】

张先生拥有一栋写字楼,每年可取得租金收入200万元。仅考虑所得税,不考虑其他税费,试比较以下两种方案哪种更优。

解析：

(1) 张先生以个人名义对外出租。

$$应纳个人所得税 = 200 \times (1 - 20\%) \times 20\% = 32(万元)$$

(2) 张先生以写字楼投资成立有限责任公司，写字楼原值 500 万元，税法规定房屋建筑物折旧年限最低为 20 年。每年折旧额为 25 万元。

$$应纳税所得额 = 200 - 25 = 175(万元)$$

$$应纳企业所得税额 = 100 \times 25\% \times 20\% + (175 - 100) \times 50\% \times 20\% = 12.5(万元)$$

由此可见，方案(2)比方案(1)节税 19.5 万元。

纳税人可以利用小微企业普惠性税收减免政策对财产租赁所得进行筹划。一是因为财产折旧额可以在企业所得税前扣除，比个人所得税财产租赁所得以财产租金收入额为所得额要低。二是因为小微企业应纳税所得额不超过 100 万元的部分，企业所得税的实际税率只有 5%。小微企业应纳税所得额超过 100 万元但不超过 300 万元的部分，企业所得税的实际税率只有 10%，远远低于个人所得税税率 20%。

(二) 利用财产租赁所得与经营所得的税率差异进行纳税筹划

《个人所得税法》规定：财产租赁所得，适用比例税率，税率为 20%。经营所得适用 5%～35% 的五级超额累进税率(附表 5)。

【案例 4-16】

张先生拥有一栋门面房，每年可取得租金收入 20 万元。仅考虑个人所得税，不考虑其他税费。试比较以下两种方案应纳个人所得税。

解析：

(1) 张先生以个人名义对外出租。

$$应纳个人所得税 = 200\,000 \times (1 - 20\%) \times 20\% = 32\,000(元)$$

(2) 张先生以门面房投资成立个体工商户或个人独资企业，门面房原值 50 万元，税法规定房屋建筑物折旧年限最低为 20 年。每年折旧额为 2.5 万元。

$$应纳税所得额 = 200\,000 - 25\,000 = 175\,000(元)$$

依据经营所得税率表(附表 5)，确定适用税率为 20% 和速算扣除数为 10 500。

$$应纳个人所得税 = 175\,000 \times 20\% - 10\,500 = 24\,500(元)$$

由此可见，方案(2)比方案(1)节税 7 500 元。

纳税人可以将财产租赁所得转化为经营所得纳税。一是因为财产折旧额可以在经营所得税前扣除,比财产租赁所得以财产租金收入额为所得额要低。二是因经营所得适用5级超额累进税率,低级次税率有5%、10%、20%,实际税率远远低于个人所得税的税率20%。

二、财产转让所得的纳税筹划

财产转让所得,是指个人转让有价证券、股权、合伙企业中的财产份额、不动产、土地使用权、机器设备、车船以及其他财产取得的所得。财产转让所得,以转让财产的收入额减除财产原值和合理费用后的余额,为应纳税所得额。财产转让所得,适用比例税率,税率为20%。

(一)个人不动产转让所得的纳税筹划

《财政部 国家税务总局关于个人无偿受赠房屋有关个人所得税问题的通知》(财税〔2009〕78号)规定:房屋产权所有人将房屋产权无偿赠与配偶、父母、子女、祖父母、外祖父母、孙子女、外孙子女、兄弟姐妹;房屋产权所有人将房屋产权无偿赠与对其承担直接抚养或者赡养义务的抚养人或者赡养人;对当事双方不征收个人所得税。

【案例4-17】

张家老大准备将手中的一套住房出售给自己的亲兄弟张老二,房产原值50万元,市场价格200万元。只考虑个人所得税,不考虑其他税费,试比较以下两种方案的应纳个人所得税。

解析:

(1)张家老大直接将房屋出售给张老二。

$$张家老大应纳个人所得税=(200-50)\times 20\%=30(万元)$$

(2)张家老大先将房屋产权无偿赠与父母,对当事双方不征收个人所得税。父母再将房屋产权无偿赠与儿子张老二,对当事双方也不征收个人所得税。

由此可见,方案(2)最优。

个人不动产产权在兄弟姐妹、表兄弟姐妹、抚养人、赡养人之间转让时,纳税人可充分利用个人无偿受赠房屋有关个人所得税问题的优惠政策,合理筹划以实现整体税负最小。

(二)拍卖物品所得的纳税筹划

对于个人通过拍卖市场拍卖各种财产(包括字画、瓷器、玉器、珠宝、邮品、钱币、古籍、古董等物品)的所得,应按"财产转让所得"项目,适用20%税率征收个人所得税。

《国家税务总局关于加强和规范个人取得拍卖收入征收个人所得税有关问题的通知》(国税发〔2007〕38号)规定:个人拍卖除文字作品原稿及复印件外的其他财产,应以其转让收入额减除财产原值和合理费用后的余额为应纳税所得额,按照"财产转让所得"项目适用20%税率缴纳个人所得税。对个人财产拍卖所得征收个人所得税时,以该项财产最终拍卖成交价格为其转让收入额。个人财产拍卖所得适用"财产转让所得"项目计算应纳税所得额时,纳税人凭合法有效凭证(税务机关监制的正式发票、相关境外交易单据或海关报关单据、完税证明等),从其转让收入额中减除相应的财产原值、拍卖财产过程中缴纳的税金及有关合理费用。纳税人如不能提供合法、完整、准确的财产原值凭证,不能正确计算财产原值的,按转让收入额的3%征收率计算缴纳个人所得税;拍卖品为经文物部门认定是海外回流文物的,按转让收入额的2%征收率计算缴纳个人所得税。

【案例4-18】

张先生酷爱收藏古董,现将多年前花5万元购买的玉器(非海外回流文物)进行拍卖,最终拍卖成交价格为30万元。张先生能提供合法、完整、准确的财产原值凭证。仅考虑个人所得税,不考虑其他税费,试比较以下两种方案何种税负最轻。

解析:

(1) 张先生提供合法、完整、准确的财产原值凭证。

$$应纳个人所得税 = (30 - 5) \times 20\% = 5(万元)$$

(2) 张先生不提供合法、完整、准确的财产原值凭证,按转让收入额的3%征收率计算缴纳个人所得税。

$$应纳个人所得税 = 30 \times 3\% = 0.9(万元)$$

由此可见,方案(2)税负最轻,张先生应选择方案(2)。

个人通过拍卖市场拍卖各种财产,若能够提供合法、完整、准确的财产原值凭证,有两种纳税方案可供选择。设最终拍卖成交价格是原值的X倍,则$20\%(X-1) \geqslant 3\% X$,得$X \geqslant 1.18$或$20\%(X-1) \geqslant 2\% X$,得$X \geqslant 1.11$。也就是说,在不考虑其他税费的情况下,最终拍卖成交价格高于原值的1.18倍或1.11倍(拍卖品为经文物部门认定是海外回流文物)时,选择不提供财产原值凭证,按转让收入额的3%或2%征收率计算缴纳个人所得税,税负较轻。

三、利息所得的纳税筹划

利息所得,是指个人拥有存款和债券等债权应收取的利息。纳税人可以利用免税债券利息的优惠政策进行纳税筹划。

《个人所得税法》第四条规定,国债和国家发行的金融债券利息,免征个人所得税;《国家税务总局关于中国铁路建设债券利息征收个人所得税问题的批复》(国税函〔1999〕738号)规定,"中国铁路建设债券"属于企业债券,不属于财政部发行的债券和国务院批准发行的金融债券。因此,个人持有中国铁路建设债券而取得的利息不属于可以免纳个人所得税的"国债和国家发行的金融债券利息",必须依照个人所得税法的规定,按"利息、股息、红利所得"应税项目缴纳个人所得税。

【案例 4-19】

张先生有一笔闲置资金 20 万元,他想购买债券获取利息,以备养老。试比较,以下两种方案何种最优?

解析:

(1) 购买国债,年利息率为 4%。

$$年利息 = 200\,000 \times 4\% = 8\,000(元)$$

由于国债利息免征个人所得税,所以张先生税后利息所得为 8 000 元。

(2) 购买企业债券,年利息率为 4.5%。

$$年利息 = 200\,000 \times 4.5\% = 9\,000(元)$$

由于企业债券利息不免征个人所得税,因此张先生利息所得应纳税额 = 9 000 × 20% = 1 800 元,税后利息所得为 7 200 元。

由此可见,方案(2)的利息收入比方案(1)多 1 000 元,但税后利息所得反而比方案(1)少 800 元。张先生应选择方案(1)。

张先生在购买债券时,应考虑免于征税的优惠政策。应当考虑"临界点"税负对税后净额的影响。设免税债券年利率为 R,不免税债券年利率为 X,则 $R \leqslant X(1-20\%)$,$X \geqslant 1.25R$。也就是说,不免税债券年利率高于免税债券利率 1.25 倍的时候,选择购买不免税债券;反之,选择购买免税债券更划算。

四、股息、红利所得的纳税筹划

(一) 个人从上市公司取得股息的纳税筹划

股息、红利所得,是指个人拥有股权取得的公司、企业分红。纳税人可以利用上市公司股息红利差别化个人所得税政策进行纳税筹划。

《财政部 国家税务总局 证监会关于上市公司股息红利差别化个人所得税政策有关问题的通知》(财税〔2015〕101号)规定:个人从公开发行和转让市场取得的上市公司股票,持股期限超过1年的,股息红利所得暂免征收个人所得税。个人从公开发行和转让市场取得的上市公司股票,持股期限在1个月以内(含1个月)的,其股息红利所得全额计入应纳税所得额;持股期限在1个月以上至1年(含1年)的,暂减按50%计入应纳税所得额;上述所得统一适用20%的税率计征个人所得税。

【案例 4-20】

张先生2019年1月5日从证券市场购买了上市公司股票。1月末,上市公司宣告发放股利,张先生取得股息20 000元。

请问,以下三种方案何种税负最轻?

解析:

(1) 张先生于2019年2月1日转让该上市公司股票。

张先生持股期限在1个月以内,其股息红利所得全额计入应纳税所得额,则

$$应纳税额 = 20\ 000 \times 20\% = 4\ 000(元)$$

(2) 张先生于2019年10月8日转让该上市公司股票。

张先生持股期限在1个月以上至1年,暂减按50%计入应纳税所得额,则

$$应纳税额 = 20\ 000 \times 50\% \times 20\% = 2\ 000(元)$$

(3) 张先生于2020年10月8日转让该上市公司股票。

张先生持股期限超过1年,股息红利所得暂免征收个人所得税。

由此可见,方案(3)税负最轻。

国家为鼓励股东较长时间持有上市公司股票,出台了上市公司股息红利差别化个人所得税政策。纳税人持有上市公司股票时间越长,享受的税收优惠越多。纳税人在取得上市公司股息红利后,应尽量延长持有股票的时间,以获取更大的税收优惠。

（二）个人从非上市公司取得股息的纳税筹划

个人从非上市公司取得股息所得，按 20% 缴纳个人所得税。纳税人可以将个人身份转换为企业身份，利用企业取得股息所得免税政策进行纳税筹划。

《个人所得税法》规定：个人从非上市公司取得股息按 20% 缴纳个人所得税。《企业所得税法》规定：符合条件的居民企业之间的股息、红利等权益性投资收益，属于免税收入。《企业所得税法实施条例》规定：符合条件的居民企业之间的股息、红利等权益性投资收益，是指居民企业直接投资于其他居民企业取得的投资收益。不包括连续持有居民企业公开发行并上市流通的股票不足 12 个月取得的投资收益。

【案例 4-21】

张先生持有乙有限责任公司 50% 的股权，每年可分得 200 万元红利。

请问，以下两种方案何种税负最轻？

解析：

（1）若张先生在投资前，先注册一个甲有限责任公司，以甲公司的名义投资乙公司，甲公司每年可从乙公司分得红利 200 万元。乙公司分得的红利属于免税收入，不征收企业所得税。

（2）张先生以个人名义投资非上市公司，分得股利征收 20% 的个人所得税。乙公司在发放股利时代扣代缴个人所得税 40 万元。

由此可见，方案（1）税负最轻。

纳税人可以利用企业所得税和个人所得税政策差异，设置双级次公司，上级公司用来留存下级公司分红，下级公司用来从事经营活动。

五、偶然所得的纳税筹划

偶然所得，以每次收入额为应纳税所得额。偶然所得，是指个人得奖、中奖、中彩以及其他偶然性质的所得。得奖是指参加各种有奖竞赛活动，取得名次得到的奖金；中奖、中彩是指参加各种有奖活动，如有奖储蓄，或者购买彩票，经过规定程序，抽中、摇中号码而取得的奖金。企业对累积消费达到一定额度的顾客，给予额外抽奖机会，个人的获奖所得，按照"偶然所得"项目，全额缴纳个人所得税。

《财政部 国家税务总局关于个人取得有奖发票奖金征免个人所得税问题的通知》（财税〔2007〕34 号）规定：个人取得单张有奖发票奖金所得不超过 800 元（含

800元)的,暂免征收个人所得税;个人取得单张有奖发票奖金所得超过800元的,应全额按照个人所得税法规定的"偶然所得"征收个人所得税。《财政部 国家税务总局关于个人取得体育彩票中奖所得征免个人所得税问题的通知》(财税字〔1998〕12号)规定:对个人购买福利彩票、赈灾彩票、体育彩票,一次中奖收入在1万元以下的(含1万元)暂免征收个人所得税;超过1万元的,全额征收个人所得税。

【案例4-22】

2020年2月李先生因购买体育彩票而中奖。试比较,以下两种方案中奖金的设置对李先生应纳税额的影响。

(1) 发行体育彩票有奖募捐的单位,奖金设置为10 001元。李先生应全额纳税。

$$应纳税额 = 10\ 001 \times 20\% = 2\ 000.2(元)$$

$$税后净额 = 10\ 001 - 2\ 000.2 = 8\ 000.8(元)$$

(2) 发行体育彩票有奖募捐的单位,奖金设置为10 000元。李先生不纳税。

$$税后净额 = 10\ 000 - 0 = 10\ 000(元)$$

由此可见,方案(2)中的奖金设置让李先生获得的税后净额最大。

发行体育彩票和社会福利有奖募捐的单位在设立奖项时,应当考虑"临界点"税负对税后净额的影响。设奖金为X,则$X(1-20\%) \geq 10\ 000$,得$X \geq 12\ 500$。也就是说,奖金在10 000~12 500元,税后净额反而会低于10 000元。因此,发行体育彩票和社会福利有奖募捐的单位在设立奖项时,应当考虑税收政策的规定,要么小于或等于10 000元,要么超过12 500元,这样对个人收益最大。

附录　个人所得税预扣率/税率表

附表1　个人所得税预扣率表一
（居民个人工资薪金所得预扣预缴适用）

级数	累计预扣预缴应纳税所得额	预扣率	速算扣除数
1	不超过36 000元的部分	3%	0
2	超过36 000元至144 000元的部分	10%	2520
3	超过144 000元至300 000元的部分	20%	16920
4	超过300 000元至420 000元的部分	25%	31920
5	超过420 000元至660 000元的部分	30%	52920
6	超过660 000元至960 000元的部分	35%	85 920
7	超过960 000元的部分	45%	181 920

附表2　个人所得税预扣率表二
（居民个人劳务报酬所得预扣预缴适用）

级数	预扣预缴应纳税所得额	预扣率	速算扣除数
1	不超过20 000元的部分	20%	0
2	超过20 000元至50 000元的部分	30%	2 000
3	超过50 000元的部分	40%	7 000

附表3　个人所得税税率表一
（居民个人综合所得汇算清缴适用）

级数	累计预扣预缴应纳税所得额	税率	速算扣除数
1	不超过36 000元的部分	3%	0
2	超过36 000元至144 000元的部分	10%	2 520
3	超过144 000元至300 000元的部分	20%	16920
4	超过300 000元至420 000元的部分	25%	31920
5	超过420 000元至660 000元的部分	30%	52 920

续表

级数	累计预扣预缴应纳税所得额	税率	速算扣除数
6	超过660 000元至960 000元的部分	35%	85 920
7	超过960 000元的部分	45%	181 920

附表4 个人所得税税率表二（月度税率表）

（非居民个人工资薪金所得、劳务报酬所得、稿酬所得、特许权使用费所得适用）

级数	应纳税所得额（月/次）	税率	速算扣除数
1	不超过3 000元的部分	3%	0
2	超过3 000元至12 000元的部分	10%	210
3	超过12 000元至25 000元的部分	20%	1 410
4	超过25 000元至35 000元的部分	25%	2660
5	超过35 000元至55 000元的部分	30%	4410
6	超过55 000元至80 000元的部分	35%	7160
7	超过80 000元的部分	45%	15 160

附表5 个人所得税税率表三

（经营所得适用）

级数	全年应纳税所得额	税率	速算扣除数
1	不超过30 000元的部分	5%	0
2	超过30 000元至90 000元的部分	10%	1500
3	超过90 000元至300 000元的部分	20%	10 500
4	超过300 000元至500 000元的部分	30%	40 500
5	超过500 000元的部分	35%	65 500

注：本表所称全年应纳税所得额是指依照《个人所得税法》第六条的规定，以每一纳税年度的收入总额减除成本、费用以及损失后的余额。